悩める上司・人事担当者のための

問題社員未満との付き合い方

事コンサルタント
松下 直子 著

日本法令®

はじめに

「問題社員〝未満〟」は、**その人が問題というより、組織や周囲のメンバーの時間や感情を浪費させます。**メンバーや上司の時間を必要以上に占有したり、その感情をネガティブに振り回したりしているイメージです。組織全体から見たときに、その生産性低下の影響は計り知れません。本人には問題なしでも、周囲にとっては大問題です。とはいえ、「辞めていただく」ほどのインパクトがあるとも言い難い。本書では、そんな「問題社員〝未満〟」とどのように付き合っていけばいいのか、理解の仕方や身の処し方を解説します。

十人いれば十通りの「問題社員〝未満〟」タイプがあるはずですが、その共通点として、当事者の「想像力の欠如」と「気づきのなさ」が指摘できそうです。これらについての説明と対処法については本文に譲ります。「問題社員〝未満〟」に向き合うあなたが、少しでも心安らかになり、そして価値ある時間の使い方ができることの役に立てることを願います。なお、本書を読まれるあなたは「問題社員〝未満〟」の上司であるか、もしくは「問題社員〝未満〟」が勤務する人事部門の方であろうと想定しています。

はじめに

「悩ましい」社員の真の悩ましさは、周囲への計り知れない影響力

アルフレッド・アドラーは、その著作の中で「哲人」にこう語らせました。「**すべての悩みは対人関係の課題である**」と。そして哲人は続けます。「個人だけで完結する悩み、いわゆる内面の悩みなどというものは存在せず、どんな種類の悩みであれ、そこにはかならず他者の影が介在している」。

「すべて」かどうかは別として、心の痛みの多くが「人」由来であるということについては、首を縦に振る人が多いのではないでしょうか。人一人ひとりにそれぞれの意図や期待がある以上、対人関係において「無痛」でいることは叶いません。

中でも、「悩ましい部下がいるのですが、質問してもいいですか」というご相談は、部下育成のセミナーや研修後に、参加者である管理職の方々から私が最もよくいただくものです。詳しく状況を尋ねると、いわゆる王道の方法論の組み合わせでは太刀打ちできないケースであったり、育成以前の問題（例えば、自分の非を認めない、ちょっと叱られただけで落ち込むなど）であったりします。そして、相談してこられる上司の深刻さは、時にタダゴトではなさそうです。

「悩ましい」部下の問題たる所以は、給料に見合った成果が上がっていないこと以上に、**関わる上司や職場の人たちが、「悩ましい」と思われる社員に振り回されることで本来の業務が手につかなかったり、職場の雰囲気が悪くなったりする**ことです。組織全体からみると、「悩ましい部下」によって、その上司や周囲のメンバーの時間が食い潰されていることのほうが、より深刻な「悩ましさ」といえそうです。たった一人の「悩ましい」部下でも、職場に与える影響力は侮れません。

職場は、仕事を通じて社会に価値貢献をする場所の一つであって、第一義的には友達をつくる場でもなければ、仲良しクラブでもありません（結果的に、生涯の友ができることはあり得ます）が、逆に人間修行の場でもないはずです。

過剰なまでの配慮が生み出す「悩ましい」社員予備軍

そして昨今、この「悩ましい」社員に対する〝悩み〟相談は確実に増えています。上司や管理職側の堪え性や忍耐力が退化しているのでしょうか？　いや、私はそうではないと思っています。大きな理由の一つが、予備軍が今、教育現場で生み出されていることかもしれません。

友人の某国立大学の先生が「〝要配慮〟学生が年々増加している」と話していました。修学上の配慮を必要とする学生に対して、大学当局からの対応要請が一定数あるというのです。例えば「締切りを守れない、注意散漫で忘れ物が多い、追い詰められるとパニックになる」といった特徴を持った学生に対して、他の学生と同様に扱うのではなく、必要な支援の依頼があるというわけです。具体的には、締切りを守れない学生に対しては「口頭説明だけではなく掲示をはっきりしたり、レポート課題の提出期限を延長したりする」配慮が求められています。

「個の尊重」「多様性の受容」という大義名分のもとに、均質な教育の提供ではなく、さらなる個別の対応が教育現場でデフォルト化しているようです。いや、必要な支援は必要なのですが、それはもう過剰なほど。それは長期的支援の観点ではなく、大学生活をなんとかやり過ごさせる程度の短期的支援に過ぎません。福祉的観点を通り越して、当事者の権利の主張と言いたくなるような状況なのです。こうした学生がこのまま社会に入り、職場に必要な支援を主張し始めたら、どういうことになるでしょうか。

逆に、この大学では「起業部」というサークルがあり、学生時代に起業を試みるアントレプレナーシップ（イントレプレナーシップも含む）意識の高い学生も増えているそうです。一言でいえば「幅の広さ」。まさに大学という一定の閉ざされた世界の中に、性差や国籍の違いではない多様性が存在する。これがそのまま、職場に移行している気がします。

それを引き受ける会社側も、昭和世代の管理職に対して「自分たちの時代の指導は通じない」「今どきのZ世代を理解して指導しよう」「怒ると叱るは違います」「せっかく採用した若手が早期離職しないようなマネジメントを」といったメッセージを含有した管理職研修を実施。結果、昭和（加えて平成）の管理職が「パワハラするのが怖くて指導できない」「結局、どうやって指導したらいいのかわからない」とまるで腫れ物に触るかのように、「問題社員〝未満〟」どころか、普通の（何をもって「普通」なのかはここではいったんおいておきます）若手へのアプローチも恐々になる始末です。

増殖する「悩ましい」シニア社員

もう一つ、この「悩ましい」社員は若手社員だけでなく、シニアクラスの社員でも増加しているという実感があります。上司や管理職の立場の人たちから見れば、それは年上の部下となります。中には元上司だった方が「役職定年制」や「定年後の雇用継続や再雇用」などで、自分の部下となり、その役割を発揮しなければならない機会も少なからず見られるようになりました。

戦後、あの焼け野原からの再興を果たした先人たち。その子供世代に当たる団塊の世代からバブル世代と呼ばれる一九六〇年代生まれ世代までは、日本が高度経済成長を果たしている時代にまさに均質な教育を受け、レールに乗って仕事をすることを求められた世代です。人が組織を動かすのではなく、仕組みが組織を動かせた時代。管理職の仕事は人のマネジメントではなく、仕事のマネジメントでした。サザエさんに出てくる波平さん（実は部長職）は、職場ではいつも机に座ってハンコを押している姿を見せていますね。

今までの延長ではいられない変化の激しい現在の経済社会が到来している一方で、人は長生きするようになりました。人生百年時代の幕開けです。人生において働く期間も長くなりました。一九五〇年代、男性の定年退職の年齢は五十五歳でしたが、今や七十歳現役社会が到来しています。

シニア社員における「悩ましさ」は、「締切りが守れない」といった内容ではなく、「自分の正しさを振りかざす、新しい仕事に挑戦しようとしてくれない、何か新しい取組みをしようとするとそれを潰しにかかる、やることなすこと批判する」といったものが多いようです。「悩ましい部下」に悩んでいる上司はたいてい四十代前後。自分自身から見て二十歳下から二十歳以上年上までの部下の方々の「悩ましさ」に振り回されているイメージでしょう。多様性の推進が叫ばれる昨今ですが、世代の多様化は「多様な」多様性の中で対応が最も難しい多様性とも言われています。

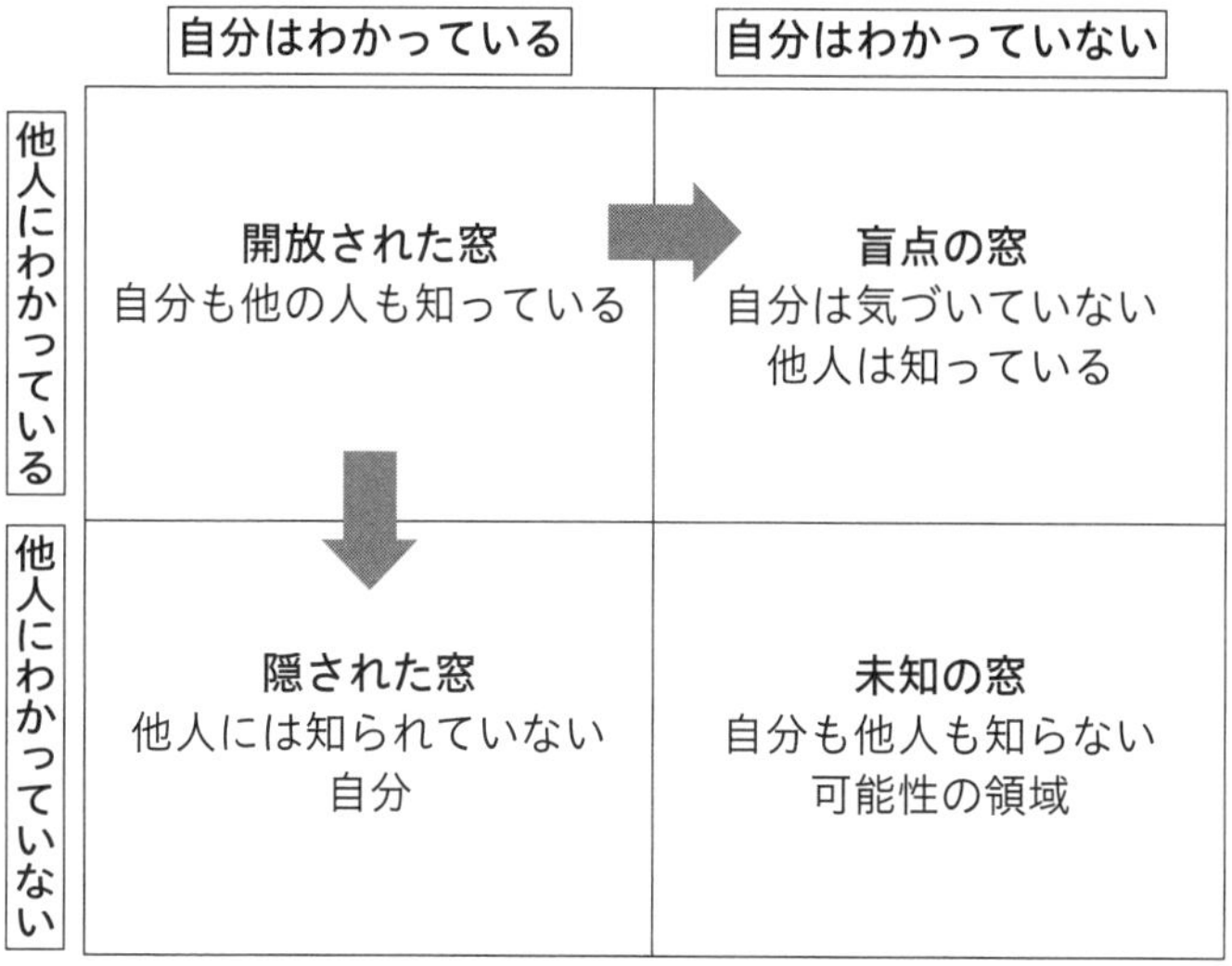

多様な「悩ましさ」の共通点

では、そんな「悩ましい」社員の方々の「悩ましさ」は十人十色の個別さなのかと言えば、そうとも限らないのかもしれません。どこか共通点があるように私は感じています。**それは「他」のなさ。「自」しかない。**具体的には、他者配慮ができない、自分が俯瞰できない、世界が自分を中心に回っている、地動説ではなく天動説とでもいいましょうか。

開放された窓	盲点の窓
隠された窓	未知の窓

「ジョハリの窓」というよく知られた考え方があります。心理学者ジョセフ・ルフト（Joseph Luft）とハリー・インガム（Harry Ingham）が提唱した「対人関係における気づきのグラフモデル」ですが、「悩ましさ」はこの窓における偏りともいえるのかもしれません。**すなわち、圧倒的な「盲点の窓」の大きさです。**

「開放された窓」部分が大きい人は一般的に育ちやすいと言われています。

この部分を大きくするためには「盲点の窓」の領域を小さくすることが必要です。確かに、自分の背中は見えないし、自分の顔ですら「何かに映して見る」ことをしない限りは、実は直接見ることは一生できません。そのためには指摘をしてくれる、フィードバックをしてくれる人の存在が必要です。そしてその指摘があったときに「そんなことはない」と拒絶するのではなくて「ああ、そう見えるのか」と受け入れる「素

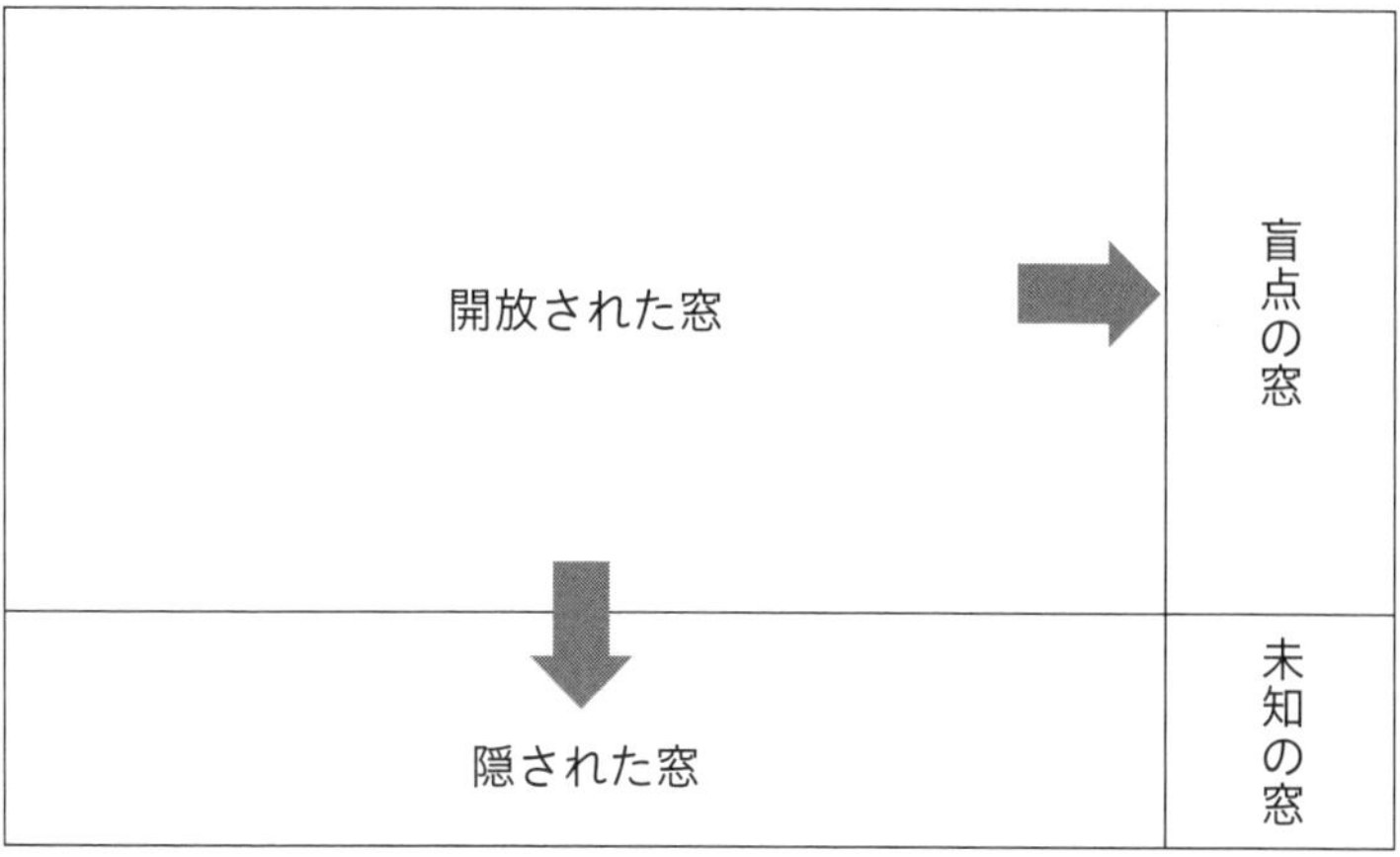

直さ」が必要です。ちなみに、ここでいう素直さは従順さではなく、柔軟性に近い素直さです。

　そしてもう一つは、「隠された窓」の領域を小さくすることです。そのためには自己開示が必要です。ここでいう自己開示は過去の暴露ではありません。今、この瞬間の自分を開示していく力。今感じていること、考えていることをありのままに表現していく力です。自分の内にあるものを公開するわけですから、自己開示には痛みが伴うこともあるでしょう。そこには「勇気」が必要です。ちなみに、ある方の自己開示はある方にとってはフィードバックになるかもしれませんね。

　つまり、成長には「素直さ」と「勇気」が必要だ……というのが、新入社員研修で講師役の方が新入社員によく語る話のネタの一つとなっています。

　成長のためには、指摘してくれる先輩や上司の存在が必要ですが、**「悩ましい」社員は、その方本人の受け**

止め方に「素直さ」等が欠如し、結果、周囲に「面倒くさい人」「育てがいのない人」と認識されることで、周囲から構ってもらえなくなってしまっているかもしれません。こうなってしまうと、負のスパイラルです。

主語はあくまで、「あの人」ではなく「わたし」自身

どんなタイプでも育成には手間暇がかかります。上司がいなくても、一人ひとりのメンバーが自主的かつ効果的にチーム内で機能し、成果を創出してくれるのだとしたら、組織に上司の役割は不要です。何のために上司が存在するのでしょうか。

そもそも人が人を育成したり支援したりする営みは、すぐに成果が現れるものではありません。空っぽの樽に水を少しずつ注ぐがごとく、一向に満タンにならないものです。注いできたことが実感できるのは、満タンになって溢れ始めてからのことでしょう。ましてやそれが「悩ましい」部下やメンバーなら言わずもがな。しかし、上司として決して諦めないでください。それは「悩ましい」部下の可能性を諦めないということ以上に、**あなたの心と時間を守ることを諦めないでください**。適切に「あなた自身」の行動を選択していただきたいと思います。

本書の主語はすべて「私」です。「悩ましさ」の対象者である部下をどうすればいいの

か？、ではなく、「私が」どうするか？、という立ち位置で綴ります。

私が他者からそう簡単に変えられる存在ではないように、私たちもそう簡単に他者を変えたりすることはできないはず。しかし「あの人」を変えたいと思うのであれば、私の「あの人」へのアプローチを変えるほうが格段に容易です。自分のことは操縦できるからです。

同様に、過去は変わりませんが、今日この日の「何か」を変えない限り、残念ながら未来も変わりません。

人は切なくて難しくて豊かです。本当に、難しい。何より自分が一番、難しい。人事に答えも、奇策も近道もマニュアルもないのかもしれませんが、本書では、**「変えられるもの」に向き合っていきたい**と願います。主語はあの「悩ましい」メンバーではなく、あなた自身です。あなたは、人事パーソンかも知れないし管理職かもしれませんが、それぞれの立場でご覧いただけたらと思います。

なお世間では、時間が食い潰される、感情に振り回される対象のことを捉えて、「悩ましい人」とか、もしくは「混乱させる人」「困惑させる人」「困った人」など多様な表現をされますが、本書においては「問題社員〝未満〟」で統一することにします。退場対象となる「問題社員」とまでは言いきれないという意味合いと、「問題社員」の域に到達する前に食い止めてほしいという願いを込めて。周囲が時間や感情を浪費させられるという「問題」状況下にあるところから一刻も早く待避していただきたいという願いをこめて。

完璧な人間はいません。誰もが何かしらかの「未満」を抱えているものです。そんな愛しさも込めて、人の可能性を信じつつ、「はじめに」とさせていただきます。

私自身が「問題〝未満〟」だったからこそ伝えたいこと

なお、本書における読者の皆様への提言や提案は、私が人事コンサルタントもしくは社会保険労務士として日々を送る中で得た知見や経験をベースに綴りますが、特に第4章2は、一九五〇年代後半にアメリカの精神分析医エリック・バーンによって提唱された「交流分析」という心理学理論を大きな土台の一つとしています。というのも、若かりし頃、私自身が「問題〝未満〟」と扱われても仕方のない存在だったと認識していて、その苦しさの中から私を救い上げてくれたきっかけがまさに「交流分析」だったからです。私は幼少期、ちょっとした虐待とネグレクトの下で過ごしました。自分に「かわいそうな子」だから仕方ないと赦しを与え、結果、周りから見ると「問題〝未満〟」と思える言動をとっていたことを当時は客観視はできませんでした。そのもがきと葛藤の中で「交流分析」と出会いました。「問題社員〝未満〟」へのアプローチの一つとして、本書にはできるだけシンプルにこの理論の一部を取り込みました。

最後になりますが、日本法令の小原絵美さん、伊藤隆治さん、そして日本交流分析協会の多大なご支援をいただきました。ここに御礼を申し上げます。

目次

目　次

第3章　〝未満〟対応の大前提

目次

目　次

目　次

目　次

第1章

働く「空間」で今、何が起こっているのか

「問題社員〝未満〟」について考え始める前に、今現場で起こっていることを俯瞰します。併せて、その計り知れない多大なる影響力を確認します。

1 生産性の追求か、多様性の授与か

生産性の追求からだけでは、もはや新しいものが生まれない

ここ数年、仕事の現場では「生産性」が追求されてきました。特にCOVID-19の感染拡大の直前は、「働き方改革」という言葉がバズワードのように使われていましたし、実際、職場にはたいてい二～三割の「ダ・ラ・リ（「ムダ（無駄）」と「ムラ」「ムリ（無理）」）」が存在すると言われています。「生産性」の追究は、言葉を換えれば「無駄を排除する」ことにほかなりません。

しかし一方、今私たちが追求しようとしている「多様性」（多様な人材の活躍支援）は、言葉を換えれば「無駄の許容」です。いろんな人がいるときっと難しい。労務管理の点だけでいえば、「同質、均質」であればあるほど、マネジメントは効率化できます。それなのになぜ今、私たちはこれほどまでに多様性を追求しているのでしょうか？　おそらく、「生産性」の追究からだけではもはやイノベーションが起こらないことを私たち

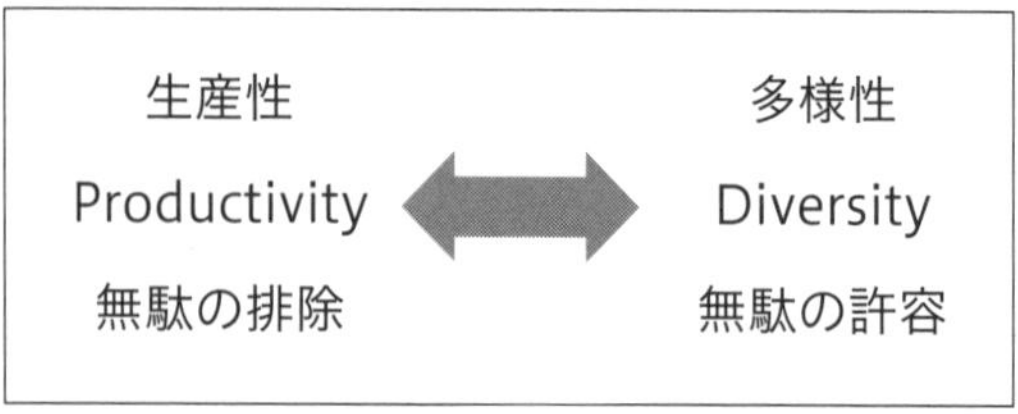

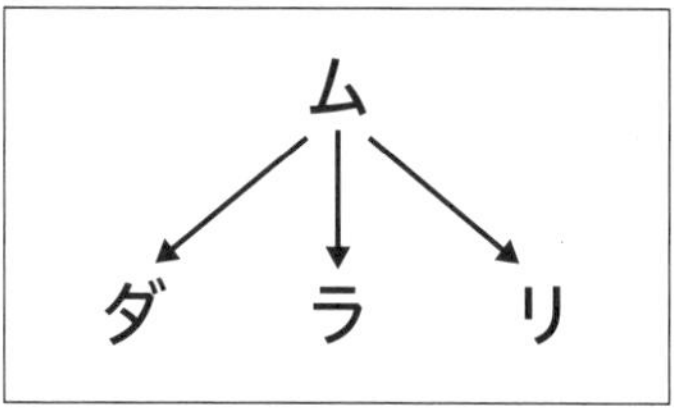

は学習したのだと思います。

いろんな人がいるのは難しい。しかし、いろんな人がいるからこそ新しい着眼点からのブレークスルーが期待できるし、組織がしなやかで強くなるということでしょう。人権的な観点に加え、そうしたことも相まって今、世界的に多様性の追究が進んでいます。二〇二一年には「ISO30415」としてdiversity & inclusionの国際標準規格が誕生したほどです。

しかし、こうした多様性のポジティブさの反面、ネガティブさも当然に存在します。多様な人がいるからコンフリクトや葛藤は生じます。「それを乗り越えてこそ、多様性のポジティブさを享受できるのだ！」というのもわかります。しかしまるでそれを隠れ蓑にしたような**「問題社員〝未満〟の暗躍（！）に対して、私たちはまるで腫れ物に触るように対峙を避け、何の対処もできずにやり過ごしてしまったのではないでしょうか。**「働かない蟻」も組織に一定数は必要だなどという問題のすり替えを行い、考えたり対処したりすることを放棄してしまったのではないでしょうか。

プラス	マイナス
・コスト削減 マイノリティの離職抑制効果 **・人的資源獲得** 外部評価向上による優れた人材の確保 **・マーケティング** 広告効果や製品開発・マーケティングへの活用 **・創造性** 多様な情報獲得によるイノベーションの促進 **・問題解決** 課題解決と意思決定の質が向上 **・フレキシビリティの改善** 多言語使用者のほうが柔軟性と多次元思考レベルが高い	**・集団凝集性の低下** 集団におけるメンバーの類似性が低下 **・集団凝集性** メンバーが互いに引きつけられその集団にとどまるよう動機付けられる程度 **・コミュニケーションの齟齬** メンバー間の異質性による相互理解の欠如 **・コンフリクトの発生** 文化、価値観、態度などの違いから感情的対立の発生 ⬇ 右記が引き起こされることによって、最終的にメンバーの満足度の低下、コミットメントの低下、離職率の増加につながる

多様な世代が存在するのが、職場の醍醐味であり困難さ

ひと口に「多様性（ダイバーシティ）」といってもさまざまな切り口があります。いわゆる三大ダイバーシティと言われるのが、「ジェンダー」「エイジ」「グローバル」ですが、それ以外にも新卒採用者と中途採用者の違い、パートタイマーや請負といった雇用形態の多様化、M&Aによる親会社と子会社の人材交流、さらにそこにさまざまなライフスタイル、さまざまなオピニオンが掛け合わされて、十人いたら十通りではない、まさに「多様な」多様性が存在します。誰しもが何らかのマイノリティの部分を持っていることでしょう。

ただ、この中で最も難しいと言われているダイバーシティが「エイジ」、つまり「世代（ジェネレーション）」の違いです。ジェンダーの違いやグローバルの違いはどこかで割り切りがつきます。例えばグローバルにおいては国籍による文化の違いがありますから、お互いを知り、理解し、対話し、妥結点を見出して行くしかありません。

しかし、世代（ジェネレーション）の場合はちょっと割りきれない部分があります。例えば、シニア社員が「俺達の若い頃はこうではなかった」と中途半端に嘆くわけです。この中途半端さがむしろこの世代の多様性問題をより難しくさせます。

【参考】日本の世代論

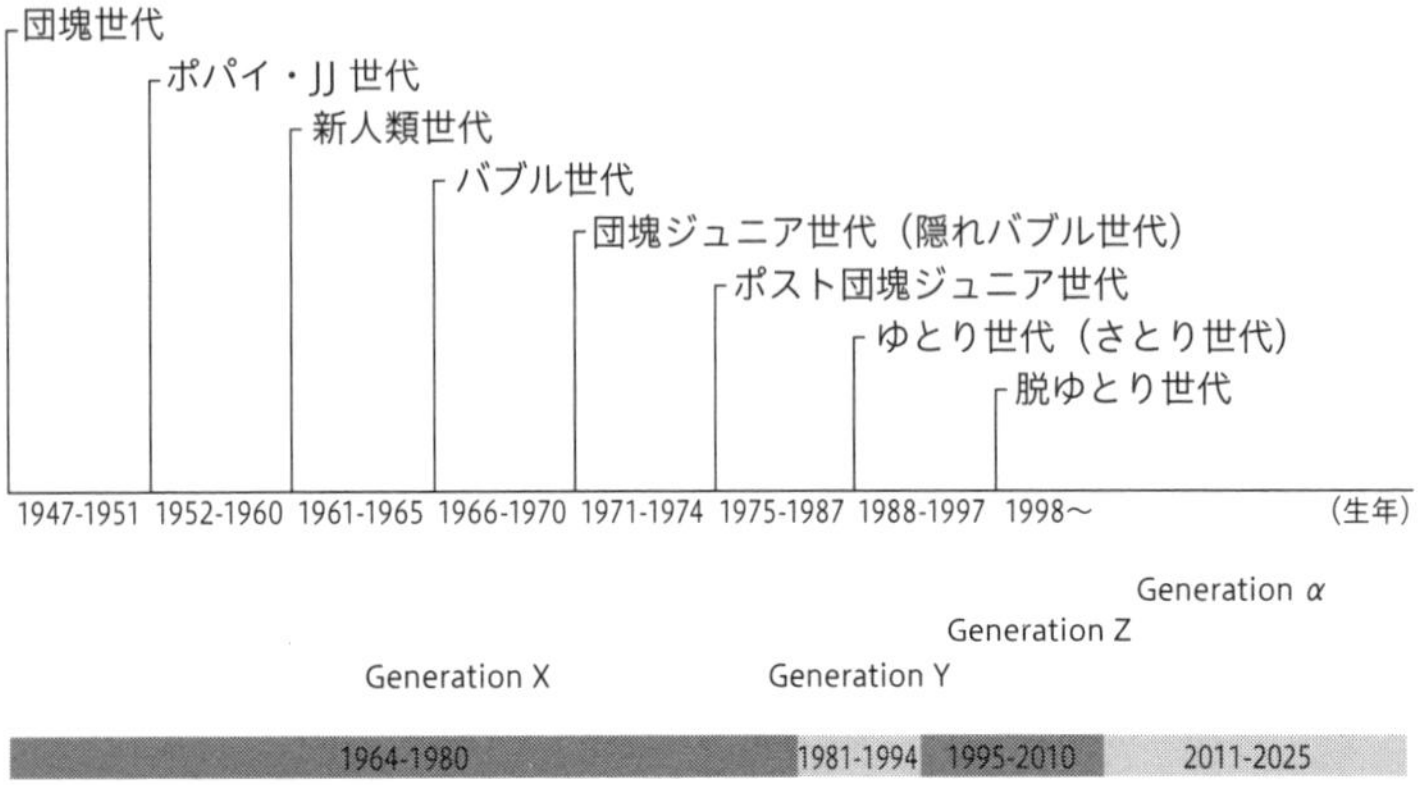

実際、職場では多様な世代が協働しています。弊社には七十五歳で現役の方がいらっしゃいます。法務の専門家なのですが、前職で大手企業の法務グループ長を務めた後、定年退職してから私たちの会社でその専門性を活かして活躍してくださっています。私はいわゆる団塊ジュニア世代。バブル崩壊のタイミングで社会人になった世代です。私の息子はいわゆるZ世代の一期生。息子の人生最初のお絵描きはクレヨンでなく、マウスを使ってでした。わが家にはWindows 95が既にあったからです。さらにその下にはα（アルファ）世代が控えています。

こうした、まさに多様な世代が同じ職場で共に働く時代です。「問題社員〝未満〟」の前提には、こういった違いからくるところも少なからずあるかもしれません。

XもYもZ世代も、みんな同じ時代に生きている

Z世代の話が出たので、もう少し言及しておきます。上司や管理職の世代は、自分自身が「部下だった経験」を持っています。リーダーになる前に、誰しもがフォロワーだったはずです。だからまったく「部下の気持ち」が想像できないことはありません。だとしたら、知っている者が歩み寄ったほうが早い。では逆に言えば、上司や管理職の気持ちは誰が聴いてくれるのでしょうか。聴いてくれるさらに上の役席がいたらいいのですが、そうでなければ横のラインで「お互い」が聴きあう必要があります。上司の気持ちは上司になった人にしかわかりません。「問題社員〝未満〟」の対応における**重要ポイントの一つが「孤独になってはいけない」**というものです。部下育成は上司の責任だと一人で何とかしようとすると、最後には心身を潰しかねません。詳細は後述します。

自分たちとは違う世代の部下育成に悩んでいる上司の愚痴を聞くことが増えました。二〇二〇年にはハラスメント防止対策が強化されましたし、あまり厳しい指導をすると、部下からは「それ、ハラスメントではないですか」と言われる始末です。今時の上司、管理職の悩ましさは「どこからどこまでが指導で、どこからがパワハラになるのかわからない」「パワハラになるのが怖くて、問題社員〝未満〟になかなか注意できない」というところにもありそうです。

もちろん本書で取り扱う「問題社員〝未満〟」は、若者に限ったことではありません。「七十歳現役社会」、そして人生百年時代が本格的に到来してきます。ですから、「問題社員〝未満〟」は若手ではなくてシニアだなんていう問い合わせも少なからずあります。「「問題社員〝未満〟」といえども自分より年上の人になかなか注意できない」とした日本の社会規範も影響していそうです。

時間の使い方は、命の使い方

ここで時間について少し考えてみます。

例えば、あなたの生涯において、二十歳から六十歳まで、つまり国民年金の満額がもらえる四十年間仕事を継続したとしましょう。平日の一日八時間勤務。そして盆暮れ正月・土日もしっかりお休みがとれて年間二百二十日仕事をしたとすれば、人は社会的価値を創出するために、生涯で約七万時間もの莫大な時間、自分の時間を使っていることになります。

しかし一方で定年退職後、仕事をしなければ睡眠時間以外の時間はすべて自由に使えることになります。八時間しっかり寝たとして一日十六時間は自由です。そして一年三百六十五日がサンデー毎日！　失礼ながら少なめに見積もって六十歳から八十歳までの二十年間で考えたとしても、なんと十一万時間もの時間を私たちは老後に使えることになります。あれ

8時間×220日×40年＝約7万時間

16時間×365日×20年＝約11万時間

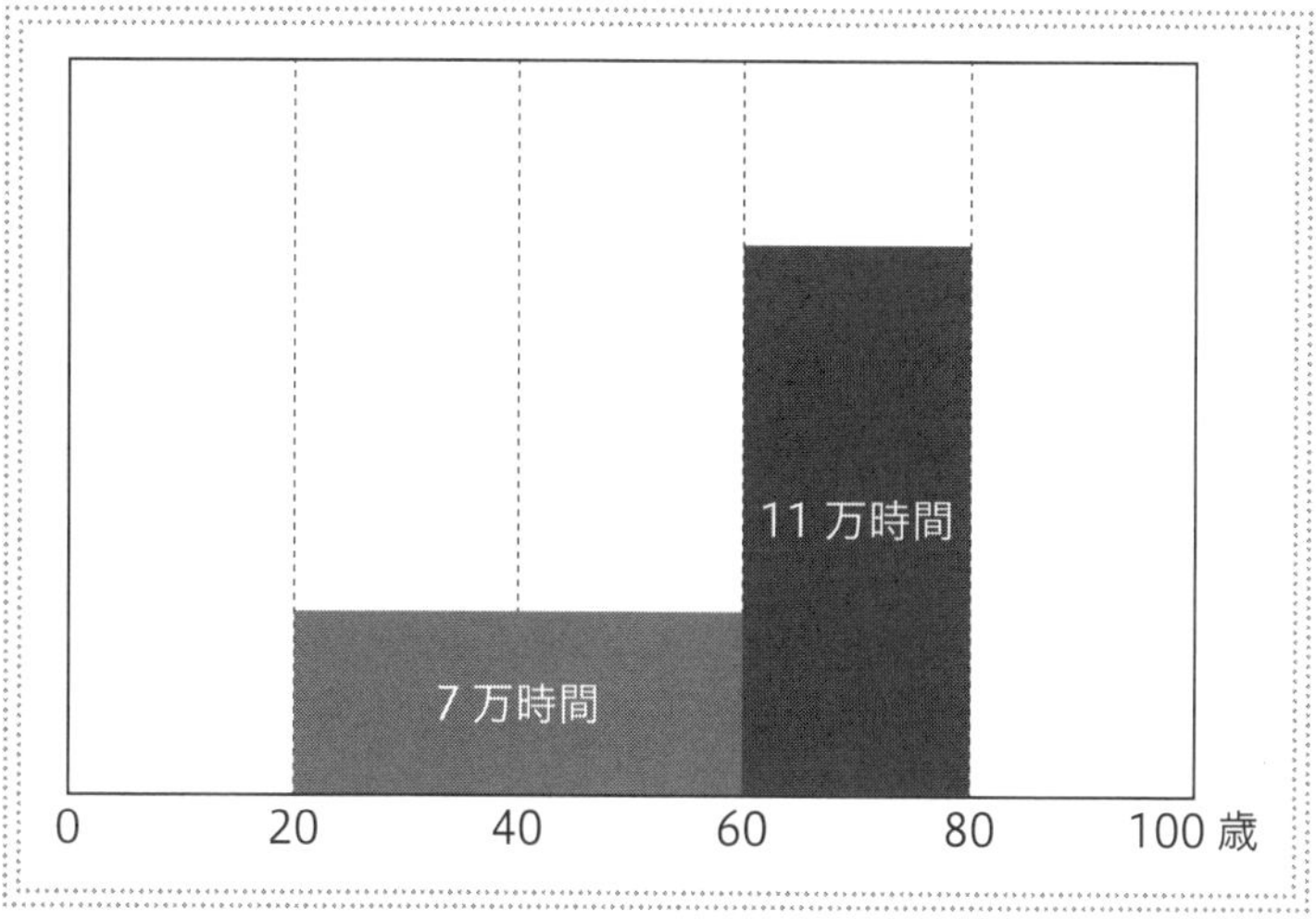

だけ仕事をしてきたのに、それを補って余りある時間が与えられるのです。

時間は積み重ねれば命そのものです。時間の使い方は、命の使い方にほかなりません。では、あなたは何に一番時間を投じていますか？　人類はこの百二十年で二倍、寿命を延ばしたと言われています。より与えられるようになった時間を、あなたは何に投じたいですか？

時間ほど万人に共通に平等に与えられているものはありません。病める者も富める者も万人に一日二十四時間が共通に与えられています。だからこそ、誰しもが健全な時間の消費配分を望んでいるはずです。それなのに、「問題社員〝未満〟」はその有限であるあなたの貴重な「現役」時間の一部を支配しているかもしれません。目の前に当事者がいないのに、あなたは家に帰宅してからも、ベッドに横になって眠りに着くまでの間も、その「問題社員〝未満〟」との悩ましさを思い出し反芻しては、自分の時間を浪費しているかもしれません。

冒頭で述べたように、変えられないものに心悩ませ苦しむのはナンセンスです。しっかり変わるものに向き合いましょう。**時間の「長さ」は変えられませんが、私たちは時間の「使い方」の選択を変えることができます。**

部下との時間の消費の事実に気づく

エリック・バーンに端を発する交流分析においては、「時間」というものをその使い方によって六つに分類して捉えます。

【参考】時間の構造化

閉鎖・引きこもり

・物理的にも心理的にも、他人からの関わり、刺激を放棄して自分の殻の中に閉じこもってしまうような時間の使い方。

・目の前に他者がいても、そことコミュニケーションをとらず、内省しているようなイメージです。ちなみに人は一日三万回ほど、自問自答を繰り返しています。

儀式・儀礼

・『伝統や習慣、常識によって規定される『定型的な対人関係・コミュニケーションのパターン』によって、他人からの関わり、刺激を得ようとする時間の使い方。

・「入学式」「結婚式」のような「儀式」は式次第があり、その通りに進行されます。このようにある程度、決まったパターンで繰り返される時間の使い方のイメージです。

雑談・気晴らし

・『趣味・社会問題・読書・天気・恋愛・噂話・スポーツ・仕事』などに関する他愛のない雑談をして楽しむという時間の使い方。

・生産性は何一つないかもしれないけれど、「楽しい！」と思える時間の使い方。井戸端会議などはまさにこのイメージです。

活動・仕事

・『生産的な活動・社会的な仕事・義務的な役割』を介在させることで、他人と関わりを持とうとする時間の使い方。

・家事も活動時間です。料理ができたり、洗濯が仕上がったりするのですから。

心理ゲーム

・相手を自分の思い通りにコントロールしようとして行われる非生産的なコミュニケーション。相手にわざと嫌がらせや挑発をしたり、会話の〝とっかかり〟として皮肉めいた批判や意地悪な発言をしたりするような時間の使い方。

・特徴としては、繰り返されること。そして「結末」が待ち受けていること。お互いが嫌な感情を味わって終わる、という結末です。

親交・親密

・相互の人格や価値観を尊重し合いながら、本音と本音で真実の交流を深めていくという時間の使い方。

・時に刹那かもしれないけれど、遠赤外線のようにじわじわと心を温めてくれるような時間の使い方のイメージです。

（特定非営利活動法人日本交流分析協会「交流分析士１級テキスト」
（二〇一一年二月第四版・74〜76ページより作成）

例えば、会議に参加していても「今日のお昼は何にしようかな」と上の空でいたら、それは「ひきこもり」のような時間の使い方をしているわけです。「いや、会議は儀式だ」と受け止める人もいれば、「会議は雑談や憂さ晴らしのような時間で、みんなの不平不満や愚痴のガス抜きの場です」と考えている人がいるかもしれません。「会議は生産性を上げるための手段だ」と考えれば会議も「仕事」になりますし、「会議のたびに、うちの所長と次長は、いつも押し問答をして一向に解決に向かいません」というならば、会議は時間を食うだけの「ゲームタイム」になっているとも考えられます。職場のメンバーがお互いの腹を割って、この職場の来年再来年十年後をどうしていきたいのか……、そしてそこに自分はどのように関わりたいのか、お互いを尊重し合いながら本音で語り合えたとしたら、その会議の時間は「親密」な時間の使い方をしたことになります。会議という時間の使い方一つをとっても、その本質を見れば、時間の使い方は一様ではありません。

周囲との人間関係でトラブルが多い「問題社員〝未満〟」は、この時間の使い方の中で職場の「心理ゲーム」をしかけ、結果的に周囲の時間を無駄遣いさせているといえます。もちろん本人にそんな意識はまったくありません。周囲だってそんな心理ゲームを持ちかけられている認識はないのです。だからこそ、ゲームは何度も何度も繰り返され、職場メンバーの時間泥棒を始めます。

こうした**「問題社員〝未満〟」は、相手や周囲の「時間」を食うこと、不快な感情を抱かせることを無意識の目的にしていますから**、重要なのはそれを達成させないことです。時間泥棒ゲームをやめさせるためには、何より相手の誘いにのらないこと。その人そのものを変えるのではなく「経験」を変えることが肝要です。「人」に着目するのではなく、「解決策」に着目すること。その上で、徹底して、「仕事を約束する」「達成してもらう」「約束を守ってもらえたことを認めて、ほめて、感謝する」その繰り返しです。

そして実は何より、この**「時間泥棒」ゲームが始まっていることに、あなた自身が気づくことが必要**です。その時点で、ゲームは一気にゲームオーバーに近づきます。

今、求められるのは「親しみやすい」上司像？

数十年前のマネジメントより、今この時代のマネジメントは格段に難易度が高いかもしれません。明治安田生命が「新入社員が選ぶ理想の上司ランキング」を毎年発表しています。例えば、天海祐希さんだとか、イチローさんだとか、芸能人で言うと誰に上司になってほしいかを、その年の新入社員に問うアンケート調査です。二〇二三年のランキングの男女の一位をご存知ですか？　男性の一位は、ウッチャンこと内村光良さん。女性の一位はミトちゃんこと水卜麻美アナウンサーです。そしてこの二人の共通点がおわかりでしょうか？

そうです。キーワードは「親しみやすさ」。天海祐希さんやイチローさんのような、強さが全面に出ているタイプとは少し違いがありそうです。

ウッチャンもミトちゃんも、実はそれぞれかなりの大御所です。ウッチャンは紅白の総合司会をするほどに、ミトちゃんもアナウンサー業界の中では一目置かれるような地位を確立しています。しかし二人ともまったくそんな大御所感を醸し出さず、親しみやすさがある。さらに昔の栄光を語るようなことはしません。ウッチャンが「俺、昔ポケットビスケッツっていう音楽ユニットで活動していたんだ！」なんて言うことはないでしょう。なぜならば今も現在進行形、バリバリの現役だからです。トップランナーとして今も新しいことにチャレンジし続けているから、昔の栄光をひけらかす必要がないのかもしれません。天海祐希さんやイチローさんに代わってこの二人がトップになったというのは、大きな時代の変化の象徴のように感じます。威厳ある上司ではなく、親しみやすい上司が求められるということです。「私の話を聞いてくれる上司」を求めながら、「上司の話を聞いてみよう」という部下、フォロワーはなかなかいません。もしかしたらこういったことも「問題社員〝未満〟」を増加させる要因になっているのかもしれません。

ちなみに、昔の栄光や武勇伝を語るのは若者から一番「めんどくさい」と思われるパターンですが（時代背景などの変数があまりに違うのですから、それが成功事例の共有にはなり得ません）、「私が君の年齢の頃には、もう子供がいたよ」なんていう比較はもってのほかです。くれぐれもご注意ください（あなたが「問題社員〝未満〟」になってしまいますよ）。

私が若かりし頃、上司というのは強くて、どこか強引でした。上司の命令は絶対でした。上司に向かって「つべこべ」は言いませんでした。そんな上司の下で育まれた私たちが今、自分の部下たちからは「親しみやすさ」を求められるわけですから、これはもう大変です。

一方、グローバル化による理由からか、部下たちも自分の主義主張を発信するようになってきました。上司が理不尽なことを言おうものなら「それはハラスメントではないですか？」と問いただし、曖昧な指示に対しては「意義や意味を教えてください」とばかりに、根拠や目的の確認をしてきます。二十四時間なんて戦えませんし、定時で帰れることは当然の権利の主張です。タイムパフォーマンス（タイパ）もとても重要です。今時、YouTubeを等倍速で見る若者はあまりいないでしょう。石の上にも三年⁉　……そんなの、待っていられません。私たち昭和時代と今の三年ではまったく重みが違います。スピードが違うのです。自分の価値を上げてくれない上司の下で三年も頑張れるはずがありません。今の若者のこうした感覚は、世界の標準にとても近いと思います。

X世代の常識はZ世代の、いや、世界の「非常識」になってしまったのかもしれません。だからこそ対話し、衆知を集め、それらを叡智に変えて、必要な意思決定を繰り返して行くことがマネジメントには不可欠です。そして、そこにポツポツと存在する「問題社員〝未満〟」が、あなたをさらに困らせるという構図なのかもしれません。

変化の時代だからこそ、あなた一人で戦ってはいけない

立命館大学の湊教授にお聞きした話です。湊先生は元JAXAの職員です。湊先生いわく、JAXAにおける良いチームの定義は「リーダーが間違った判断をしようとした時に、フォロワーがそれを指摘できるかどうか」。例えば、手術の執刀医の横にいる助手の一番の職務は、執刀医が間違った血管に触れようとしたときに、「先生、その血管、違います」と言うことと定義されているそうです。飛行機の機長の横にいる副機長の一番大事な任務は、機長が間違ったボタンを押そうとした時に「機長、そのボタン、間違っています！」と指摘することなのだそうです。すなわち「リーダーだって間違えることがあるんだ」という大前提。「リーダーは絶対に間違えない」などという前提を置いてしまうと、いざという時、リーダーの判断ミス一つで組織が滅びかねません。リーダーだって完璧な人間ではないということです。

その話を聞いたしばらく後に、私は沢渡あまねさん（あまねキャリア工房代表）の話を聞く機会に恵まれました。沢渡さんは「これからの管理職に求められるスキル」として、ロジカルコミュニケーションやセルフマネジメント、ファシリテーションなど八つほどの「管理

【参考】管理職への期待

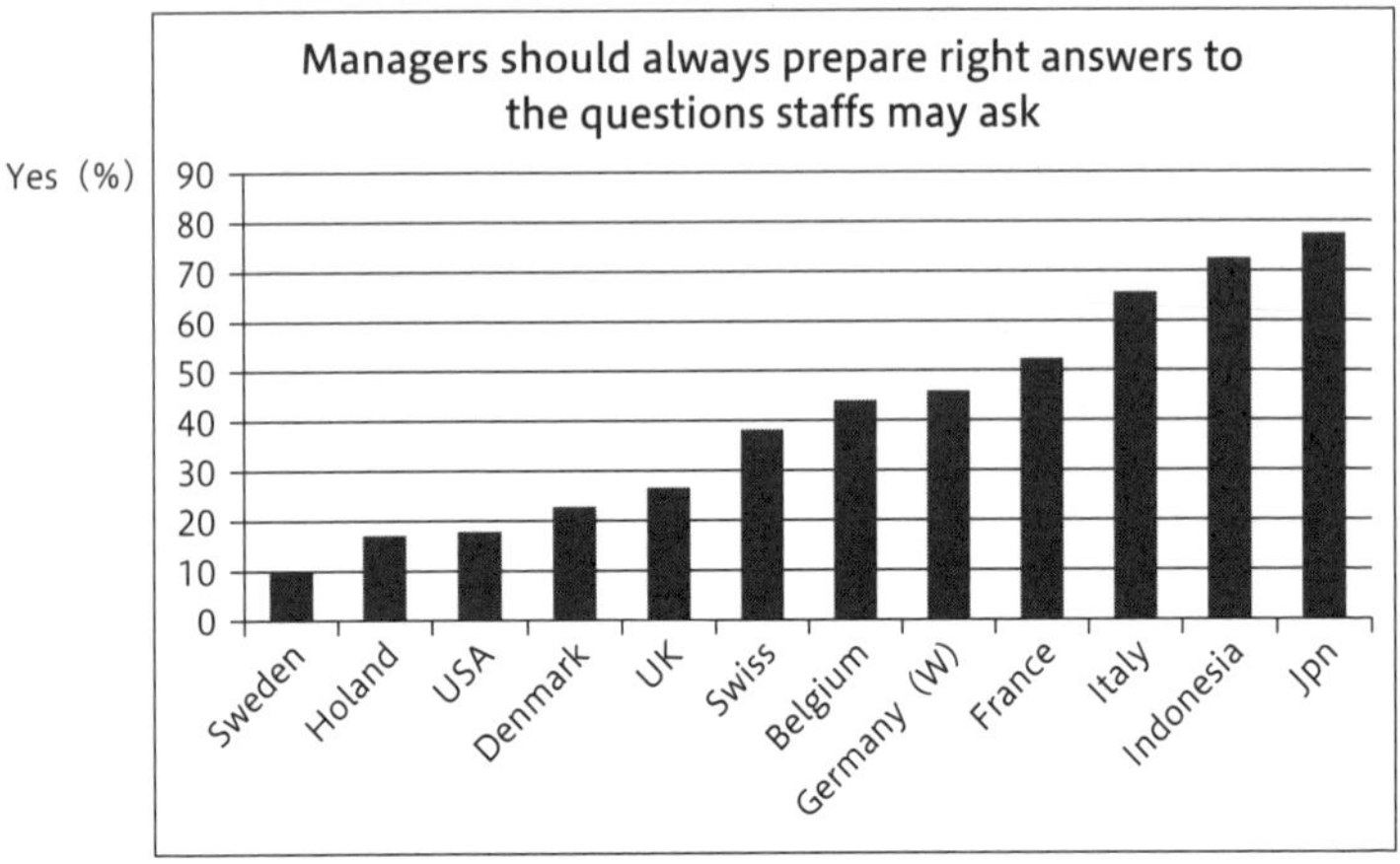

(Andre Laurent「The Cultural Diversity of Western Conception of Management」(1983年) より)

職ビジネス・リテラシー」を挙げたのですが、その中で真っ先に私の目にとまったのは「ヘルプシーキング」でした。いざという時アラートを出して助けを求められること、社内外の専門家を頼れること。そんな力が今、管理職には不可欠だというのです。

数十年前の管理職に求められていたものと、今の時代に求められているものは大きく変わってきているのかもしれません。

上図は「スタッフが管理職に質問した際、管理職は常に正しい答えを提供しなければならないと思うか」というアンケート調査の結果です。一目瞭然ですね。日本は「管理職は間違ってはならない」という印象がかなり強そうです。管理職の皆さんはきっととても頑張ってこられた。頑張ってこられたから今マネジメントのポジションについていらっしゃるのだと思います。しかしもう、これ以上頑張る役割ではありません。**頑張るのではなくて工夫をしていくことが必要**です。そして周りの人の力を借りていきましょう。本書もその力の一助としていただけたら嬉しく思います。

2 権利の主張と義務の遂行

「破られたらどうなるか」を考える

【問い】どこが違うのか？　考えてください。
1. 友達とする「三時に会いましょう」という約束。
2. 企業が取引先とする「製品二百個を十万円で〇月〇日までに購入し、代金を三十日後に支払う」という約束。

ここに二つの約束があります。一つは友達との約束です。「三時に駅前で会いましょう」という約束。もう一つは企業が取引先と締結する約束。例えば「製品二百五十万円で、いつまでに購入し、代金を三十日後に支払います」という約束をしたとしましょう。これらは共に「約束」ですが、二つの約束の間にはいくつか違いがありそうです。どこが違うのか考えてみてください。

「個人」の契約と「法人」の契約の違いだと言う人がいるかもしれません。後者にはお金が絡んでくるという意見もありそうです。絶対的な正解があるわけではないのですが、私たち法律家はこう考えます。「破られたらどうなるか?」と。少しネガティブに感じられるかもしれませんが、「結婚」の際に「離婚」を想定しておくようなものの考え方をします。

①「三時に会いましょう」という約束が守られない場合
約束を破られた人が、約束を守らない人を、警察や裁判所に訴えても、取り合ってくれない。
②代金が三十日後に支払われない場合
取引先を法律に基づき裁判所に訴えて、強制的に代金を取り立てることができる。
▼法律に基づく国家による強制を伴う「約束＝契約」です。
▼ポイントは「破られたらどうなるか?」

例えば前者の友達との約束は、破られたら友達を一人失って終わるかもしれません。もちろん普段からの人間関係ができていれば「君が遅刻するなんてよほどのことがあったんだろうね」とわかってもらえるかもしれませんが。

しかし、二つ目の約束が破られたら、場合によっては裁判所が差し押さえに来るかもしれません。すなわち、法律に基づく約束事には国家権力の介入があります。友達との約束を破られた人が、警察や裁判所にあの人が約束を守ってくれないと訴えたところで取り合ってくれないでしょう。民事不介入と言うことになります。しかし、後者の場合は、取引先を法律に基づき、裁判所に訴えて強制的に代金を取り立てることができます。国家による強制を伴う約束、それが「契約」です。

労働者は「労働契約」を締結して組織の一員となっています。それは大学教育のようなサービスの提供側と享受側間の「売買契約」の関係性ではなく、労働者側の労働提供と使用者側の対価の支払いという「労働契約」の関係性です。

「契約」とは権利と義務の交換

社会はたくさんの法律によって秩序立っています。では問題です。あなたはこの一週間で公私含めていくつの「契約」を経験しましたか？　これを研修の場などで聞くと「ゼロです」という人が結構います。直近でそんな大きな契約をした記憶がないとおっしゃるわけです。逆に「二十の契約をしました。なぜならば、私は人事でアルバイトの雇用契約の更新を二十人の方と行ったからです」、という人もいます。実は私たちは、一日のうちに両手で数えきれないほどの契約を締結しているはずです。自動販売機でジュースを買うことも契約になります。契約書の有無は関係ありません。例えば、身近な事例で考えてみましょう。

和菓子屋さんで〝おはぎ〟を購入することは、れっきとした「売買契約」です。契約とは二人以上の当事者の意思の合致合意で成立します。お店の人が三百円の価値がある〝おはぎ〟をケースに陳列します。この時点で契約の申込み（売りたい）という意思表示です。お客さんが「このおはぎをください」と意思を伝えた時点で契約を承諾したことになります。買いたいと表明したわけです。この時点で契約意思が合致し、契約が成立します。するとお店の人は「三百円いただきます」という代金請求権（債権）を主張します。お客様側には三百円を支払う債務が発生します。そしてお客さんが三百円を支払った瞬間に、お店の人側には三百円相当のおはぎをお客様に引き渡す義務が生じます。お客様はその三百円相当のおはぎを引き渡してもらう請求権を獲得します。これが瞬時に行われて、当事者間の債権と債務が消滅し、債権と債務が同時履行されたことになります。極端なことを言えば、万が一お客様がお金を支払わないで三百円相当のおはぎを持ってお店の外に一歩出た瞬間に国家権力が介入してくることになります。こんな契約行為が、今日もコンビニのレジの前で、電車に乗る際の自動改札機の前で、自動販売機の前で、起こっているというわけです。

【参考】身近な契約の例

① 買物……お店に行き、陳列されている「おはぎ」を持ってレジに行って、お金を支払い「おはぎ」を渡してもらう。

② 契約……二人以上の当事者の意思の合致（合意）で成立。

行　為	お店側	お客側
おはぎを三百円で陳列する	契約の申込み（売りたい）	
おはぎを持ってレジに行く		契約の承諾（買いたい）
	契約意思の合致	⇒契約成立
代金は一個三百円	代金請求権（債権）	支払い義務（債務）
	引き渡す義務（債務）	引渡し請求権（債権）
三百円を支払いおはぎをもらう	当事者の債権と債務が消滅する（債権・債務の同時履行）	

ここで押さえておいていただきたいのは、契約においては、**権利と義務が発生する**という点。権利を主張するなら義務を果たしていることが必要です。労働契約においてもそれは同

じ。さらに詳細な労働契約の権利義務の内容については、次節で見ていくことになります。

「悪」とは「大きな範囲に迷惑をかけること」

労働者には権利があります。しかし、権利を主張できるのは義務を果たした人のみです。それをなさずして権利を主張するのは、もはや「問題社員〝未満〟」ではなくて問題社員の領域。個人の尊重は不可欠です。しかし、私たちは組織の一員として仕事をしています。もちろん組織としてそのルールが妥当かどうかというのは、定期的に見直して行く必要があるかもしれません。

一方、多様性の価値を謳う時代だけあって、私は最近、あるミステリードラマの中で「人の数だけ正義がある」というセリフを耳にしました。確かにそれも一理あります。では、この「個の尊重」と「組織の秩序の維持」とのバランスをどのように考えたらいいのでしょうか？

これは翻って「悪とは何か」という大きな問いになり得るのではないでしょうか。悪の一つの意味としては、「より小さい範囲の利益のために、大きな範囲に迷惑をかける」ことです。物事は内側から見ると善に寄り、大きなところから見ると悪になりやすいものです。例えば、個人が自身の快楽を追求することは善です。しかし博打で大金をすって家族に迷惑を

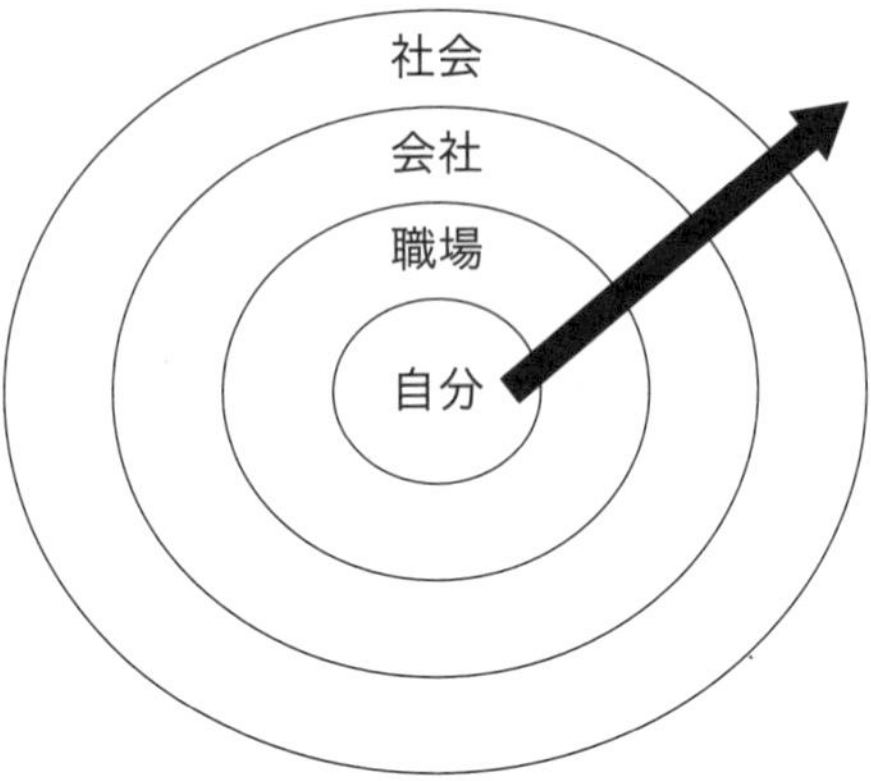

かけると悪になります。企業が組織の利益を追求することは善です。しかし公害を垂れ流して社会環境に迷惑をかけるのは悪です。国家のトップが自国の利益を追求することは善です。しかし「パリ協定」から離脱して国際社会に迷惑をかけるのは悪とされてしまいます。迷ったらより大きな範囲の観点でものを考えてみるといいかもしれません。**「問題社員〝未満〟」のその言い分は、組織全体においてはどうなのか**という観点です。

組織の構成メンバーは「貢献者」たるかどうか

組織という言葉が出てきたので、このタイミングで「組織とは何か」についても考えておきたいと思います。私たちは「組織」で仕事をしています。「問題社員〝未満〟」に関わりたくなければ、個人で仕事をすればよいのかもしれません。

「組織ってなんですか？」と問われたら、なんと答えますか？　シンプルですが、意外に難しい問いです。

広辞苑によると、組織とは「ある目的を達成するために、分化した役割を持つ個人や下位集団から構成される集団である」と説明されています。正直、このままでは少しイメージしにくいかもしれません。

この問いについては先人がたくさんの知恵を残してくれています。最も有名な理論の一つは、チェスター・バーナードによる組織成立の三要素です。

バーナードは、

> 組織は、⑴相互に意思を伝達できる人々がおり、⑵それらの人々が行為を貢献しようとする意欲をもって、⑶共通目的の達成をめざすときに、成立する。したがって、組織の要素は、⑴コミュニケーション（communication）、⑵貢献意欲（willingness to serve）、⑶共通目的（common purpose）である。これらの要素は組織成立にあたって必要にして十分な条件であり、かようなすべての組織にみられるものである。
>
> （チェスター・バーナード『組織の役割』（一九三八年）より）

と組織の意義を論じました。すなわち、この三要素に不足がある組織は、本質として組織ではないということになります。

ちなみにこの三要素の日本語訳は本来のニュアンスにくらべて少し違和感があります。もともとの表現は「(1) communication、(2) willingness to serve、(3) common purpose」。「貢献意欲」は「willingness to serve」。日本語の訳よりももう少し強い意思を感じます。「serve」は「サービス」の語源でもありますから、何かもっと人の役に立ちたいというニュアンスも汲み取れます。また、「共通目標」は「common purpose」となっています。今でこそ「パーパス（purpose）経営」などと取り沙汰される言葉ですが、一九五〇年代から重要視されていたこともわかります。

なお興味深いことに、バーナードは組織の構成員を「members」という言葉であえて表現していません。彼はメンバーを"contributors"。つまり、「貢献者」という言葉に置き換えて使用しています。かつ組織を構成する活動を「貢献」と表現しています。

マネジメントで有名なピーター・ドラッカーは、著作『マネジメント』の中でこんな言葉を残しています。「知識を通じて生活の資を稼ぎ、成果を上げて社会に貢献する機会が豊富に存在するのは組織だけである」。そして「組織化は管理職の重要な仕事である」と。ここまでくると、組織とはなんぞやという、本質が浮かび上がってきます。

続いて、「なぜ私たちは組織をつくるのか」という問いについて考えてみましょう。私がこれを現場で問うと、よくいただく回答は次のような具合です。

- ・何かやろうとするときに一人でできることは限られている。いろいろな役割を担って目的を達成できる。
- ・重複業務が出てきて各自でやるよりも分担してやったほうが効率がよい。
- ・一人では能力・時間に限界がある。それに世の中はより複雑化・変化が速くなっている。
- ・大きな目標を達成しようと思ったら大きな協力を得られる。
- ・専門性を高めるのは一人では難しい。組織があれば、得意な部分を持ち寄ることができる。言い換えれば、苦手な部分はカバー（サポート）してもらえる。それによって、より大きなことができる。競争優位性が作れる。
- ・やることを重複しないように設計できる。効率化に貢献。専門性を高めることができる。生産性を高めることができる。
- ・組織であれば「信用」されやすい。個人事業主だと信用は低い。カード審査が厳しさに直面（会社としての信用）。
- ・業界によっては業界ルール的に組織構造をつくることが指示されている。理由は責任の所在を明確にし、責任を果たせる資格者をアサインする必要があり、外部から見られたときに責任の所在をはっきりとさせるため。
- ・デメリットもある。（例）依頼案件の「たらいまわし」をされることがあるアフリカの諺にあるように、「早く行きたかったら一人で行け、遠くに行きたかったらみんなで行け」とでもいうのでしょうか。複数の人間で役割分担をしながら協力しあうからこそ、一人ではなし得られない成果が得られるというわけです。

組織は費用が「安く」すむ

二〇〇九年、オリヴァー・ウィリアムソンは「取引費用経済学」でノーベル経済学賞を受賞しました。ウィリアムソンはなぜ「(内部)組織」は存在するのか？　という問いに対して、「組織は、取引コストを下げることができる」(Because it can reduce "Transaction Cost")という結論を提示しました。

その考えに基づけば、複雑な環境下の市場取引には外部取引コストというものが発生し、多大な取引コストを回避するために企業は取引先を自社資本に内部化した組織取引という形態へと移行します。

主な外部取引コストには、次の三つがあります。

・探索コスト……どの企業が安くて良い品を提供する業者かを探し出すための情報探索コスト。
・交渉コスト……双方が取引の合意に至るまでにかかる駆け引きのために生じるコスト。
・監視コスト……合意したとおりに取引が実行されているかを監視したり、されていなければ法的手段等で対処したりする場合等にかかるコスト。

ところが、内部化にもコストがかかります。例えば、メーカーが自前で流通チャネルを保有するには、物流倉庫や店舗を建設したり、既存の流通業者を買収したりするのに必要な「投資コスト」が必要ですし、さらにそれらを継続的に維持していくための「管理コスト」も用意しなければなりません。

理論上は、「外部取引コスト」と「内部化コスト」を比較して、外部取引コストのほうが大きい場合には組織化が、内部化コストのほうが大きい場合には市場取引が選択されます。つまり、内部組織での「いつもの意思決定」であれば市場でその度ごとの契約を結ぶよりもリスクが低くなります。内部組織においては、「信用・信頼」が規則にとって変わるわけです。なぜ組織が必要か……、一言で言うと、外部取引コストが低くできるから。要は「安い」というわけです。

内部組織において、交換の規則は信頼を仲介としてなされます。内部組織においては、その度ごとの契約を結ばなくてよい。すなわち、信頼や信用がルールにとって代わるわけです。内部コストの低減は実践的に言えばコミュニケーションによる信用信頼作りにほかなりません。では皆さんの組織で「内部取引コスト」は安いですか？

「問題社員〝未満〟」は、問題以上ではなくとも、組織の存在理由のひとつ、取引コスト（取引費用）の低減を阻害する社員、コミュニケーションによる「信用・信頼づくり」に支障をきたすような言動やふるまいを繰り返す社員と考えられそうです。もしくは**「この人が取引先だとしたら、あえて取引を継続しない」と思われる人**ということになるかもしれません。**内部組織の一員だからこそ、なんとなく許されてしまう。**いったん内部組織の構成員となるとなぜか許されてしまう。なぜなら「客観的に合理的な理由」といえるほどの取引停止（解雇）レベルには至らないからです。

組織は信頼で成り立つ

二〇二四年、日本の最高額紙幣一万円の顔となる渋沢栄一翁は『論語と算盤』なる名著を遺しました。渋沢翁はビジネス・経済の「核」を「信用」におきました。日本人が、長年にわたり活用してきた「論語」には、身内を重視したり、温情主義であったり、もしくは保守的であったり、封建的であったりする発想が含まれます。それはそれで日本人らしさを作ってきたのかもしれませんが、これらが行き過ぎると、社内融和が優先されたり、不祥事を隠したりすることになりかねません。秩序や和ばかりを重視した弊害も出てくるでしょう。

ここに「算盤」の発想を導入するとバランスがとれます。経済の合理性や競争、優勝劣敗。もちろんこれらが行き過ぎると社会に必要なものでも「儲からないから」といった理由でやめてしまったり、社会の二極化が起こったり、弱者が切り捨てられるという弊害もあります。ゼロサムではなく、それぞれの中庸、バランスを取ることが重要です。中庸とは決して50－50フィフティーフィフティーではなくて「急所」を押さえるという意味です。

もしかしたらこの「問題社員〝未満〟」問題は、算盤的な発想を欠いた論語的な発想のみから組織に根付いてしまったものなのかもしれません。どう考えても組織にとって「高く」つく「問題社員〝未満〟」の振る舞いを、経済合理性の観点から指摘したり正そうとしたりせず、誰かが我慢したり過剰に支援することでなんとか乗り越えようとしてしまう。しかしその我慢は、**長期的に見て内部組織の価値を棄損しかねない**のです。

3 三面等価の原則

権限がなければ、名ばかり管理職になってしまう

✓責任（responsibility）……遂行責任、達成すべき職務内容そのもの
✓責務（accountability）……結果責任、成果。職務遂行によって生み出すことが期待される成果
✓権限（authority）…………他の職位ないしメンバーに働きかける力。職務の遂行に関しての、自由裁量の余地、創意工夫の幅

最近「管理職になりたがらない若い人」が増えていると聞きます。管理職になると、それ相当の責任が課されるからかもしれません。「問題社員〝未満〟」の対応もその責任の一つでしょう。確かに管理職になると「責任」や「責務」が求められます。

責任とは「responsibility」、遂行責任のこと、達成すべき職務の内容そのものです。あなたが飲食店の店長だったとしましょう。アルバイトの一人が体調不良でその日急に休みを取りたいと言ってきた。あなたは他のアルバイトに代打の要請連絡をするなどして、その日の店舗運営を維持する必要があります。これが遂行責任です。そして責務とは

【参考】三面等価の原則

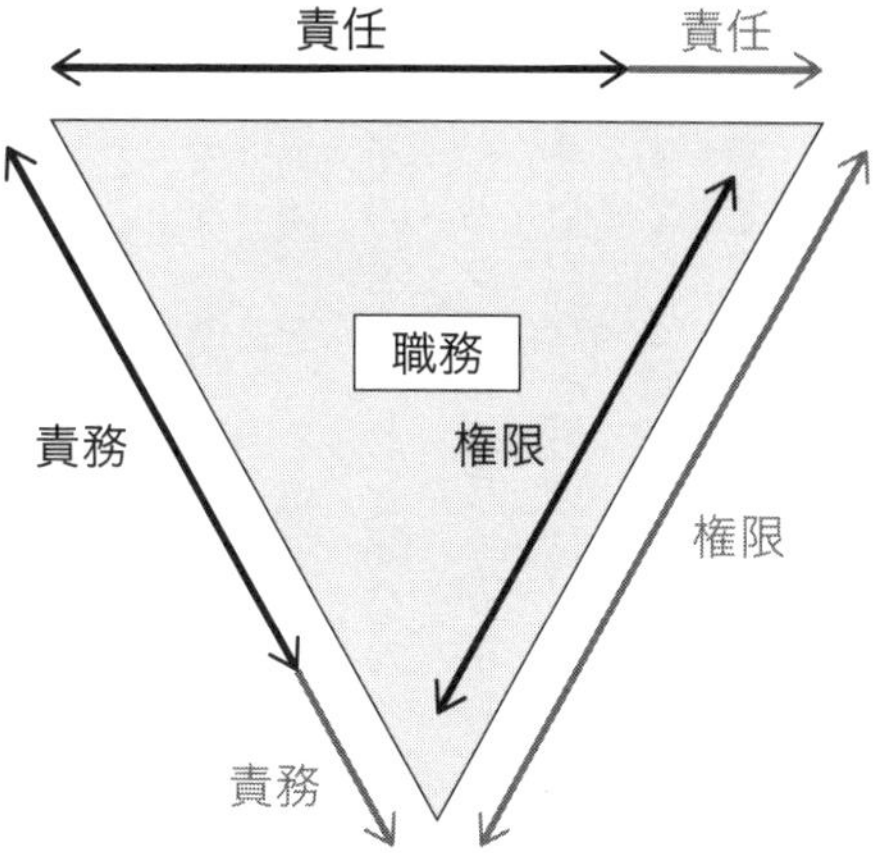

「accountability」、結果責任のことです。職務遂行によって生み出すことが期待される成果を出す責任です。例えば先ほどの飲食店の例で言えば、この店舗の一か月の売上をいくらいくら達成しなければならないという結果責任です。

そんな「責任」と「責務」ばかり課されていては、誰も管理職になりたいと思えません。だからこそ、管理職の方々にはそれに見合うだけの「権限」が与えられています。「権限」とは職務の遂行に関しての自由裁量の余地や創意工夫の幅、他の職位ないしはメンバーに働きかける力です。実際、課長と部長の「責任、責務」の大きさが違う分だけ、両者の「権限」の大きさは違います。これを「三面等価の原則」と言います。「責任」と「責務」を問われているにも関わらず、それに見合うだけの「権限」が持たされていないのであれば、いわゆる「名ばかり管理職」になってしまいます。労働法の観点からすると、管理職（法的呼称は「管理監督者」）の人たちは「労働者」でありながら片足は「使用者」に足を突っ込んでいます。管理職の責任、責務、権限は、労働者としてのものではなく、使用者の立場からくるものです。

実際のところ、管理職にはマネジメントに必要な権限が与えられています。管理職が持てるさまざまな「権限」が、例えば「業務を遂行するための部下の管理・監督を行う権限」「労務管理上の決定を行う権限（部下を評価する権限含む）」です。なぜ部下が管理職の言うことを、上司の言うことを聞くのでしょうか？　それは「この人に評価される」と思うからです。ポジションにはパワーが宿ります。これを振りかざすとパワハラになりかねませんが、だからこそ上司たる管理職にほめられると部下は嬉しいと思えるのです。それほどに大きな権限を持っている管理職であることを自覚して、「問題社員〝未満〟」を放置せず、向き合うことも必要です。

なお、ポジションパワーをお持ちの管理職の方は、あまりこの力を振りかざさないほうがいいかもしれません。そんなパワーだけで部下を押さえつけていたら、いつか再雇用で部下の部下になった時に、同様の方法でやり返されてしまうことでしょう。「私がこの人の言うことを聞くのは、この人が私を評価するから」ではなくて、「持っている実績やスキル、専門性や資格、さらには人としての態度や姿勢、もしくは人としての魅力にリスペクトがあるから、私はこの人の言うことを聞くんだ」という関係性を通じて、部下を納得させる必要もあります。念のため。

上司と部下、それぞれの責任の違い

【参考】権限委任者と権限獲得者の責任

権限委任者	権限獲得者
組織としての全遂行責任と全結果責任 ＝組織結果責任 委任する仕事を選んだ責任＝委任責任・選択責任 委任する対象者を選んだ責任 ＝委任責任・選択責任 委任した仕事の監督責任＝監督責任	権限委任者に対する遂行責任 信義的な結果責任

そして管理職は持てる権限の一部を部下に譲り渡しながら（権限委任）、組織の成果創出に必要な業務遂行をマネジメントしています。よく忙しい管理職の方々は「自分のコピーロボットが欲しい」「もう一人の自分がいればいいのに時間が足りない、忙しい」とおっしゃいます。わからなくもない話ですが、冷静に考えてみてください。もう一人のあなたがそこにいれば仕事は二倍量で片づくかもしれませんが、仕事の質は何一つ変わりません。自分の分身を作ることが部下育成ではありません。あなたとはまったく違う個性の部下育成や支援を通じて、組織成果を創出する「責任と責務」が管理職には問われています。

なお、部下にもその立場に応じた責任が問われますが、管理職が負う責任と部下に問われる責任には大きな違いがあります。部下に問われる責任とは、管理職である上司と交わした約束に対する遂行責任です。一方上司には、この部下に任せたという委任責任や選択責任、もしくは委任した仕事を管理支援する監督責任、そして組織として全遂行責任と全結果責任が問われます。だからこそ「問題社員〝未満〟」対策は苦しいのかもしれません。責任を果たしてくれそうになかったり、業務遂行に必要以上の手間暇がかかったり、やることはやったとしても自分の心をかき乱したりしかねない「問題社員〝未満〟」に権限委任して責任をとるくらいなら「自分がやっちゃったほうが早いよ」なんて思う場面を経験している人も少なくないかもしれません。

パワハラが怖くて部下に厳しく言えない管理職

ここでパワハラとの兼ね合いについても言及しておきます。「パワーハラスメント防止措置」が、二〇二〇年の六月から大企業において、二〇二二年四月からは中小企業の事業主に対して義務化されました。もちろんこれまでだって当然パワハラはしてはならなかったのですが、この法改正によって、企業には雇用管理上、必要な措置が義務付けられました。すなわち「パワハラを起こさない組織づくり」「パワハラを起こした場合に「自浄作用」を機能させて改善させていく体制や体質」が求められるわけです。万が一違反した場合には、厚生労働大臣の助言指導勧告がなされますし、さらに勧告に従わなかった場合には企業名が公表されるという罰則規定が明確になりました。そうした背景もあって、あまり部下のことを強く注意するとパワハラとして訴えられかねないという不安を抱える管理職が少なからず増えてきた気がします。

■パワハラ３要素
（＊労働施策総合推進法30条2に基づく指針（令和二年一月十五日厚生労働省告示第五号）より）

① **優越的な関係を背景とした言動**
職務上の地位に限らず、人間関係や専門知識などさまざまな優位性が含まれる趣旨。上司から部下に対して行われるものに限らず、先輩・後輩間や同僚間、部下から上司に対するものも含む。

② **業務上必要かつ相当な範囲を超えたもの**
個人の受け取り方によっては、業務上必要な指示や注意・指導を不満に感じたりする場合でも、これらが業務上の適正な範囲で行われている場合には、パワーハラスメントには当たらない。必要性、目的、手段・態様、回数、行為者の人数などから判断。

③ **就業環境を害すること（身体的・精神的苦痛を与えること）**
身体的または精神的に圧力を加えられ負担と感じること、または職場環境が不快なものとなったため能力の発揮に重大な悪影響が生じること。「平均的な労働者の感じ方」を基準とする。

▼業務上必要かつ相当な範囲。本人のルール違反に対する「強い指導」「厳しい指導」はパワハラではない。
▼平均的な労働者の感じ方が基準（客観的）。

ただ、パワハラが怖いから部下が育成できないというのは本末転倒です。もちろんパワハラはしてはならないのですが、なんでもかんでもパワハラになるわけでもありません。パワハラの解釈について整理をしておきましょう。

セクハラとパワハラは解釈が違う

パワハラの難易度を高くさせるのは、「パワハラ」と「セクハラ」の解釈に少し違いがあるからかもしれません。セクハラは、当事者の受け止め方が問われます。例えば、肩を叩くなど必要以上に身体に接触する上司に対して「いちいち直接、触らないでください。それはセクハラではないでしょうか？」と言われたらセクハラになる可能性は高いかもしれません。しかしパワハラの場合は、本人がどれだけパワハラを言い張っても、パワハラに該当しない事案があります。逆に当事者が「これはパワハラではない。私と上司との長年の関係性があるから私はパワハラに感じない。むしろ上司の指導であったり、愛情であったりがあるからだと感じる」と本人がいくら訴えたところで、パワハラになる事案があります。

別の例で説明しましょう。野球のピッチングには「ストライクゾーン」があります。ストライクゾーンのド真ん中にボールが飛んできたら、それは誰が見てもドストライクでしょう。微妙なのはストライクかボールか、ぎりぎりのところに球が飛んできた場合です。野球の場合はメインの審判の判断にゆだねるのかもしれませんが、パワハラにおいては「十中八九」という言葉が言い得て妙です。十人中、八人九人がパワハラだと認識したら、それはパワハラに該当する。逆に十人中、八人九人がこれはパワハラではないと感じるという場合には、パワハラに該当しない可能性が高くなります。

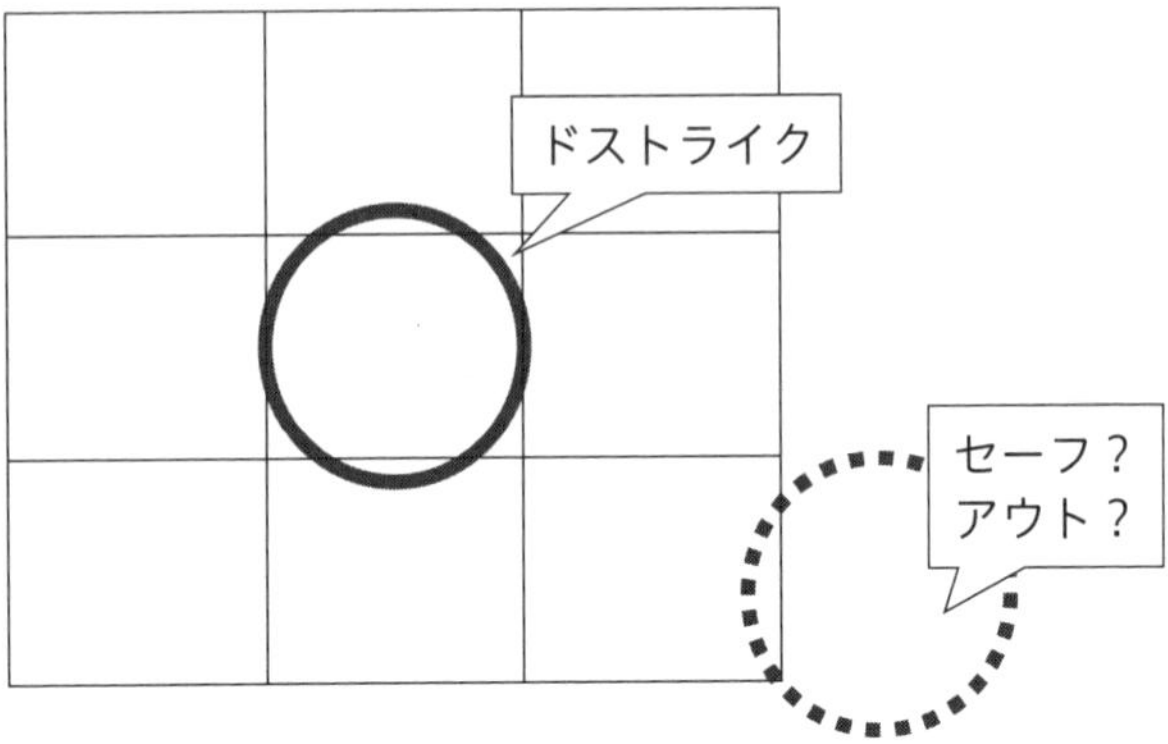

すなわち、パワハラにおいては「平均的な労働者の感じ方（客観性）を基準とする」というわけです。そして何より「就業環境を害するかどうか」。具体的には、**職場環境が不快なものとなったため、周囲のメンバーがその能力の発揮に重大な悪影響が生じているかどうか**です。実際、数年前にある女性体操選手がコーチから殴る蹴る、暴言を吐かれるというような待遇を受けていたにもかかわらず、選手本人は一切パワハラだと感じていないという事案がありました。しかし、周りの人たちが証言したわけです。「あれはパワハラです。就業環境を害します。あれを見ている人が不快で、自分の練習に支障をきたします」ということで、パワハラ認定になったという顛末でした。

パワハラ観点でも求められる、部下ごとの個別育成

【参考】パワハラの六類型と、言動の具体例

身体的な攻撃	・物を投げつけられ、身体に当たった ・蹴られたり、殴られたりした ・いきなり胸ぐらをつかまれて、説教された
精神的な攻撃	・同僚の前で、上司から無能扱いする言葉を受けた ・皆の前で、ささいなミスを大きな声で叱責された ・必要以上に長時間にわたり、繰り返し執拗に叱られた
人間関係からの切り離し	・理由もなく他の社員との接触や協力依頼を禁じられた ・先輩・上司に挨拶しても、無視され、挨拶してくれない ・根拠のない悪い噂を流され、会話してくれない
過大な要求	・終業間際なのに、過大な仕事を毎回押しつけられる ・一人ではできない量の仕事を押しつけられる ・達成不可能な営業ノルマを常に与えられる

過小な要求	・営業職なのに、倉庫の掃除を必要以上に強要される ・事務職で採用されたのに、仕事は草むしりだけ ・他の部署に異動させられ、仕事を何も与えられない
個の侵害	・個人所有のスマホを勝手にのぞかれる ・不在時に、机の中を勝手に物色される ・休みの理由を根掘り葉掘りしつこく訊かれる

（厚生労働省「職場におけるハラスメント対策マニュアル」より）

厚労省の指針によると、パワハラは六パターンに類型化されています。「身体的な攻撃」や「精神的な攻撃」がパワハラに該当するのは誰の目から見ても明らかでしょう。むしろ暴行罪に該当するのではないかと思ってしまうくらいです。それから「人間関係からの切り離し」。無視、無関心。そして必要以上の「個の侵害」。こういったものは比較的イメージしやすいかもしれません。

そして、「問題社員〝未満〟」対策にも大きく関わるであろう「過大な要求」「過小な要求」が類型に入っていることを確認していただきたいのです。もちろん、これらもパワハラに該

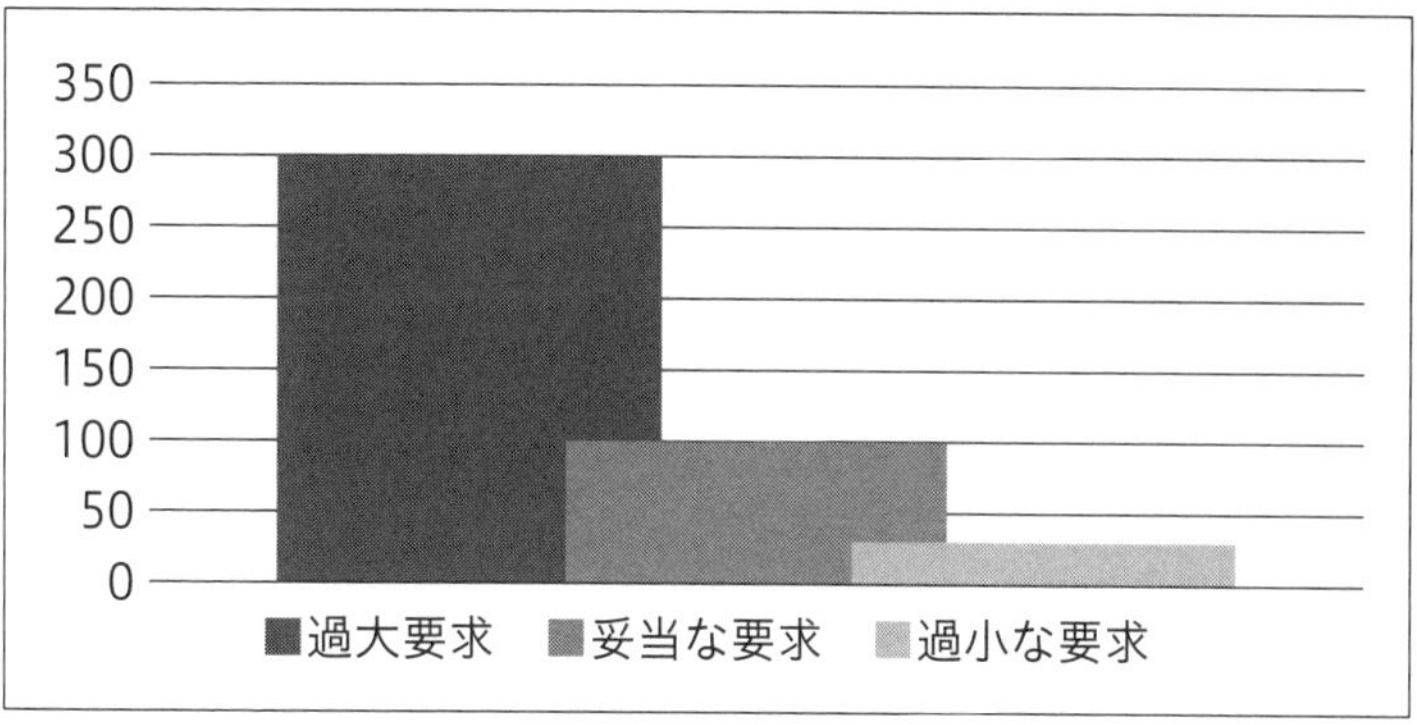

当します。

例えば百の仕事ができる人に三百の仕事を押しつけるのは過大な要求です。逆に百の仕事ができる人に三十の仕事しか与えないのは、過小な要求になります。その人の人権をないがしろにしています。百の仕事ができる人には、ちょっと頑張ったら届くくらい、百五ぐらいの仕事の量と質を提供して、サポートをしてやる。これがマネジメントです。ここでの難しさは、一人ひとりの百は違うということです。ですから、過大か過小かというのは、その人の実態に合わせて考えていく必要があります。

判例にみるパワハラの境界線

【参考】裁判例の紹介

❶ 国・静岡労基署長（N化学）事件（東京地裁　平一九・一〇・一五判決）

・「ガソリンの無駄だからあまり動くな。」「存在が目障りだ、居るだけでみんなが迷惑している。お前のカミさんも気がしれん、お願いだから消えてくれ。」「何処へ飛ばされようと俺はAは仕事しない奴だと言いふらしたる。」などの上司の発言

↓過度に厳しく、会社で稼働することを否定する内容であるばかりか、従業員Aの人格、存在自体を否定するもので、嫌悪の感情の側面も認められ、極めて直截的なものの言い方をしている。

↓上司が指導をしても業績が伸びない部下に対して、次第に嫌悪感を募らせていく状況が認定されている。

❷ O貨物運送事件（仙台高裁　平二六・六・二七判決）

・新入社員が精神障害を発症して自殺に至った事案。亡くなる三か月前の時間外労働は月百二十九時間五十分と長く、また空調の効かない屋外での作業を行っていたことに加えて、上司の言動である、「何でできないんだ。」「何度も同じことを言わせるな。」「そんなこともわからないのか。」などと怒鳴り、強い口調で叱責していた。

・業務日誌をつけさせたものの、特段具体的な指導をせず、提出した業務日誌に対して「業務、作業内容毎に整理し直す事」「？」「日誌はメモ用紙ではない！　業務報告。書いている内容がまったく

わからない！」などのコメントのみで、具体的な業務に関する指導はなく、努力を認めたり、成長をほめたりするといったコメントが少ない点について、いずれも違法な言動と判断された。

・特に、この新入社員はそれまでアルバイト以外に就労経験がなく、上司からの叱責を受け流し、あるいは柔軟に対処する術を身につけていないとしても無理からぬところがあり、このような社会経験、就労経験が十分ではなく、上司からの叱責に不慣れな新入社員に対する言動としては、威圧感、恐怖心、屈辱感、不安感を与えるものであったと指摘している。

↓指導を行う者として、**相手の社員の力量に合わせた個別具体的な言動を取る必要がある**ことを示している

❸ **医療法人財団K会事件**（東京地裁　平二一・一〇・一五判決）

・医療法人の事務職として採用された者が、健康診断問診票の入力ミス等を起こしたことに対し指導を繰り返した点について、正確性を要請される医療機関として見過ごせないとして指導を適正と判断された。

↓**指導を行う目的が明確**であり、またその手法も相当であればパワハラと判断されるものではない

❹ **Y社事件**（東京地裁　平二〇・四・二五判決）

・仕事中に居眠りをしているという趣旨の注意。喫煙所付近で白い棒状のものを口にくわえていたことから**「就労時間中に喫煙目的以外の外出を行わないでください。皆が守っているルールですので、厳守していただきたく、お願いいたします」**というメールを送信。また顧客との電話が長すぎるという注意は破棄。

→居眠りの注意は一回限りのものであってしつこく言われたわけでもなく、嫌がらせ行為であったとは認められない。注意は言葉を選んでなされており、威圧的ではなく、嫌がらせの意図も見られない。

より理解いただくために、実際の判例でいくつか確認していきましょう。

最初は「N化学事件」です。これは誰の目から見ても明らかなほど「ド・パワハラ」事案です。十中八九どころか十中十、パワハラと認識するレベルです。

続いて「O貨物運送事件」。これも明らかなるド・パワハラなのですが。判決においては「特段具体的な指導がなかった」というところが論点になりました。上司が部下から提出された日報に対して「整理し直すこと」「内容がわからない」「?」というコメント、返答のみで、具体的な業務に関する指導がありませんでした。そこには、相手の力量に合わせた個別具体的な言動がなかったというわけです。日報がうまく書けない部下に対しては、例えば「昨年の先輩が書いてくれた日報があるから、まずはこれを書き写すところからやってみよう」だとか、「私が試しにあなたの今日の一日をヒアリングするから、私の問いに応えたことを一緒に日報に書きとめる練習をしていこう」だとか、その部下の身の丈に合った指導が必要であったということがわかります。

そして最後に「Y社事件」です。上司が部下の、タバコをくわえて立ち歩く、得意先様と必要以上に長電話をする、といった非行に対して、例えば「終了時間中に喫煙目的以外の外出を行わないでください。皆が持っているルールですので、厳守していただきたくお願いいたします」としたメールを送付した記録が残っています。上司が根気強く繰り返し指導したことに対して、当事者から「これはパワハラである」という訴えが起こったわけです。

しかし、まわりの人たちが十中八九証言されたのでしょう。「あれはパワハラではない。実際に彼は不必要に立ち歩いたり、居眠りをしたり、得意先と不要な長電話をしていた。あれを注意しない上司のほうが、よほど就労環境を害します。上司は必要な指導をしたと感じます」と、周りの人たちが「客観的に」証言したことによって、上司および会社側が勝訴した事案です。実際に裁判になってしまっている時点で切ない話ではあるのですが、ここからもおわかりいただけるように、**本人がパワハラだと言い張ったからと言って、何でもかんでもがパワハラになるわけではありません**。上司は**職場環境を維持する**という責任を遂行しながら、組織活動を維持して行くことになります。

管理職は孤独になってはいけない

【参考】パワハラの加害者にならないために

✓パワハラについて十分に理解する。
✓階層が上になればなるほど、その地位自体に大きなパワーが宿っていることを肝に銘じる。
✓円滑な職場コミュニケーションの醸成・業務上の指示や指導・教育の適切な方法の理解
✓自分自身の感情や考えにも偏りやバラツキがあることを知り、他者との関わりの際、企業理念や経営方針に沿った冷静な対応を行う。
✓他者の個性をみて接し方を工夫する。プレッシャーに弱い人もいる。
✓隠れたパワーハラスメントがないか、周囲のメンバーの変化に注意
✓孤独にならない（相談する、弱音を吐く、愚痴をこぼす、等の相手がいる）。

もちろん管理職はパワハラについて十分に理解することが必要です。また、自身の地位に大きなパワーが宿っていることも肝に銘じる必要があるでしょう。適切なコミュニケーションの醸成や、有効な部下育成の仕方についても理解が必要です。自分自身を知ることも不可欠でしょうし、部下を理解するアプローチも重要です。

ただ、私は管理職の方々に「くれぐれも孤独にならないでください」と常々お伝えしています。上司は育成責任を果たすべく、部下に対して受容や傾聴、共感のアプローチをとるわ

けですから、マネジメントが機能していれば、部下は孤独になることはありません。また話を聞いてくれるのは上司だけでなく、職場の仲間や同期、先輩の存在もあります。では、上司側の気持ちは誰が聞いてくれるのでしょうか？　だからこそ、上司同士が「聴きあう」ことが重要だと私は考えています。Z世代のところでもお伝えしたことと同様です。

例えば「最近、部下がこういう行動をとったから、ついカッとなってこんな言い方をしてしまったんだ」「それは君、言い方がきついよ。次回のワン・オン・ワンの機会を待たずに、早めに部下に言い過ぎた、謝るよと声をかけておいたほうがいいと思うよ」「え、そうかい？　この言葉はきつく感じるかい？　僕はしょっちゅうこういうことを上司に言われていたからもう麻痺していたのかなあ。教えてくれてありがとう、そうしてみるよ」といったようなやり取りが、上司同士の間で行われなければ、前述の「パワハラ三要素」における「平均的」「客観的」などというものはわかるわけがありません。大抵の人は「自分は平均的（もしくはちょっと上？）」くらいに思っています。

もしくは「こういった部下育成で。困っているんだ」「なるほど、僕も以前そういった部下にこんな風にアプローチして改善したことがあったよ」「なるほど。そんな声の掛け方もあるんだね。やってみるよ」といったように、管理職が横でつながっていることを強く推奨します。管理職は孤独になってはいけない。ただでさえ、責任・責務を問われる立場です。

管理職同士の横串を通すような機会を意図的に作っておいてほしいと願います。

「問題社員〝未満〟」対応で一番苦しいのは、現場で日々彼らに向き合っている管理職や上司ですから、それが現場の最前線のセイフティネットになり得ます。

第2章

「問題社員〝未満〟」を取り囲む登場人物たち

「問題社員〝未満〟」は〝未満〟にもかかわらずなぜ問題になるのか。「問題社員〝未満〟」を取り巻く状況や、関係者について確認します。
＊ここでは、「問題社員〝未満〟」に悩む当事者を「あなた」とする前提で綴ります。

1 「未満」対応ができなかった場合の損失

「未満」はあなたの感情と時間を棄損する

人が組織で継続的に頑張るためには、思い（ストーリー）と環境、そして報酬が必要です。思いとは、所属組織の理念に対する共感や、その組織が社会に提供している価値に対する誇り。報酬とは、金銭的なものだけではなく、仕事を通じての能力や経験の獲得や自らの成長といったものも含まれるでしょう。そして人がその場（環境）を創ります。また場が人を創ります。

逆説的に言えば、環境や経験がひとりの人間を形成する要素になり得ます。しかし不思議だと思いませんか？　非常に劣悪な環境で生まれ育まれたからこそ自他を傷つけながら生きる人もいれば、非常に劣悪な環境で生まれ育まれたのに正義の味方のように生きる人もいます。いったい何が違うのでしょうか？　簡単なワークを通じて考えてみましょう、

ここに四十の文章が並んでいます。各文章読んでいただいて、「共感できる。同感だ」と思われた文章には、設問番号に「〇」をつけてみてください。逆に「共感できない。そうとは思えない」という文章には「〇」をつけない。あなたの考えで取り組んでみてください。

1　「未満」対応ができなかった場合の損失

1 気晴らしは、時間の無駄である
2 完璧を目指すべきだ
3 なせばなる
4 ちゃんとやりたいのなら、自分でやるのが一番だ
5 苦労と辛い仕事は、人格をつくる
6 自分に厳しくするのは、自分のためになる
7 人生はフェアであるべきだ
8 自分を変えるためには、自分の行動の理由を知らなければならない
9 完全に正直であることが最善のやり方だ
10 第一印象でその人がどんな人かわかる
11 無視していれば、問題は消える
12 直感に従えば、間違いない
13 幸せな結婚をしている人は、他の人に性的魅力を感じることはない
14 謝れば、すべて水に流せる
15 人を支配したほうがうまくいく
16 感情を爆発させるのは健全なことだ
17 ノーと言わずに一歩でも譲れば、いくらでもつけ込まれる
18 最後通牒《つうちょう》（一方的な最終通告）を突き付ければ、問題は解決する

19　間違いをただすには、言わなければならない
20　望みは高いほど力が出る
21　やるなら勝たなければならない
22　ルールを決め、それに従うべきだ
23　ミスは隠さなければならない
24　約束は契約である。決して違えてはならない
25　どんな行動をしようと、家族の愛は変わらない
26　思いやりのない親戚や友人には、口をきいてやる必要はない
27　うまくいかないのは彼（彼女）のせいだ
28　しつけには罰が必要である
29　パートナー（配偶者、恋人等）が私の両親を大切にするのは当たり前だ
30　本当に愛しているなら、私の必要なものは言わなくてもわかるはずだ
31　やさしさは暴力に勝つ
32　人の気持ちを傷つけるようなことは言うべきではない
33　感情は自分の中にしまっておくべきだ
34　両親を悲しませないことが一番大切だ
35　一度ひどい扱いを受けた人は、ずっと立ち直ることができない
36　謙虚であれ。自慢してはならない

37　自分勝手はいけない。他の人たちを第一にしなさい
38　侮辱で心は傷つけられる
39　みんなに好かれることが大切だ
40　成功とお金が幸せをもたらす

いかがでしょう。いくつの文章に「○」がつきましたか？　多い人だと三十個以上の「○」がつく人を拝見したこともあります。逆に一つも「○」がつかない人もいました。実は、この四十の文章にはすべて共通点があります。この文章はすべて【非合理（非論理的）な信念】と呼ばれるものです。

「3　なせばなる」？　なしてもならないことがあることを私たちは知っています。「5　苦労とつらい仕事は人格をつくる」？　いや、それが人格を崩壊させることもあり得ます。いい苦労と悪い苦労というのもあるでしょう。そう、これらの文章はすべて非合理です。そうである場合もあるし、そうとも限らないこともある。にも関わらず、なぜ「○」がつくのか。私たちは「なせばなる」と信じられるからこそ、努力や苦労を積み重ねることができるのかもしれません。いくら「非合理」であっても、それを受け入れることが「生きやすさ」や「心の豊かさ」につながるのであれば、それで〇Kです。

しかし本来自分を豊かにするために受け入れている信念にも関わらず、人はそれを強くしすぎると自分で自分を苦しめることになります。「こうすべきなのに、なぜそうできないんだろう」といった具合です。とはいえ、自分の持てる信念で自分が苦しむ分には自己責任、手前勝手な話だと思うのですが、この信念がもっと強化されると、人は他人に「こうすべきなのに、なぜあなたはそうしないのか⁉」などと「強要」をし始めます。しかしその信念はそもそも「非合理」なのですから、本来、他人に強要できるはずのものではなさそうです。

また、例えばあなたと友人とで比較した際、「○」の数がまったく同じだったとしても、多分「○」がついている箇所は違うことでしょう（私の経験上、日本人は〝なせばなる〟はかなり選択されがちではありますが）。同じ文章を見ても、「その通りだ」と思う人もいれば、「共感しかねる」という人もいる。そう、これが人の難しさの一つではないでしょうか。

前置きが長くなりましたが、人はそれぞれ自分の価値観や信念を抱えて生きています。人は目で見える世界だけに生きているのではなく、その目で見える世界をどう受容し、解釈しているのか。その受け取り方は人それぞれです。目の前に広がる世界や環境、目の前にいる人の見え方は違う、つまりは人の受け止め方は違うのです。人は所詮、自分の物差し（主観）で人や物事を判断しているにすぎません。その受け止め方がその人らしさを形成するという考え方もあります。

つまり、あなたが「問題社員〝未満〟」と認識する人のことを、職場の全員が同様に解釈するとは限らないかもしれないのです。立場や関わり度合いの違いもあるでしょう。ときには、あなたから見て「問題社員〝未満〟」の味方のように映る同僚もいるかもしれません。「問題社員〝未満〟」同士がつるんでいる場合すらあり得ます。

そしてその状況は、あなたにとっての環境そのものです。先ほど述べた「思い（ストーリー）と環境、そして報酬」は、それぞれの足し算ではなく、それぞれの掛け算となってあなたのモチベーションに影響を与えます。いくら組織の思いに共感し、納得のいく報酬を得ていたとしても、あなたのその環境次第で、いや正確にはあなたの環境に対する受け止め方次第で、トータルがゼロになってしまいます。いや、マイナスすらあり得るかもしれません。

たかが「問題社員〝未満〟」、されど「問題社員〝未満〟」。脅すわけではないのですが、あなたに対する**そのインパクトは計り知れない**ということを、まずは認識しておいてください。

「問題社員〝未満〟」はあなたの信頼を失墜させる

もう一つ別の切り口から、そのインパクト度を確認していきましょう。

あなたの人生の主役はあなた自身ですから、「問題社員〝未満〟」はあなたの人生の脇役の一人ともいえます（逆にいえば、あなたは「問題社員〝未満〟」の人生の脇役）。「未満」とはいえ、この本を手に取ってくださったあなたにとっては少なからぬ問題です。なぜ「未満」にもかかわらず、それなりの問題になるのか。

古典の理論の一つに、ハーズバーグ（Frederick Irving Herzberg、一九二三年－二〇〇〇年）の二要因説という考え方があります。ハーズバーグは、ピッツバーグで約二百人を対象に調査をした結果、人の欲求には「人間が働く場所や環境に対する欲求」と「仕事そのものに対する欲求」との二つがあることを発見しました。前者は不満足を与える要因であり、これを「衛生要因」と呼び、後者は積極的に満足を与える要因であり、これを「動機付け要因」と呼びました。

「衛生要因」としては会社の政策・管理者との関係・作業条件・給与・同僚との関係・個人生活・部下との関係・身分保証をあげ、あるレベルを達成すると、それ以上与えても効果がないとされています。いわば「働きやすさ」につながりそうです。

一方「動機づけ要因」としては達成・承認・仕事そのもの・責任・昇進・成長を挙げています。これらは「働き甲斐」につながりそうです。

そう、「問題社員〝未満〟」部下との関係も含めて、部下との関係、職場メンバーとの関係は「衛生要因」の一つですから、良好であることが大前提。そこに不足があると、それはゼロではなく、マイナスのインパクトになるのです。

【参考】ハーツバーグの二要因説

衛生要因	動機づけ要因
経営方針	目標達成
対人関係	周囲からの評価
労働条件	仕事への満足
給与・待遇	責任
福利厚生	昇進・成長
↓	↓
あって当然と思うもの 不足していると不満が高まる	あればより積極的に 仕事に励もうと思うもの

職場は仕事をして社会に価値貢献を提供する「場」です。その本来の目的が達せられないどころか、自分の不満を高めてから家に帰るような場所にしてはならないはずです。しかし「問題社員〝未満〟」と向き合う日々は、なかなかにストレスフルでしょう。帰宅の途に就いた時に、ホッとしていたりしませんか。いや、帰宅途上や帰宅してからも、あなたの頭の中で、今日あった「問題社員〝未満〟」との非生産的なやりとりのことを反芻することに時間が割かれている方もいるかもしれません。「問題社員〝未満〟」はあなたの不満や不安を巧妙に誘発するばかりか、あなたの「時間」と「感情」を多大に奪い、支配しています。

あなたは職場の結節点でもある

そして「あなた」と「問題社員〝未満〟」の間に起こる出来事は、あなたの時間と感情の浪費だけにとどまらないことにも注意が必要です。それはあなたが「問題社員〝未満〟」の上司、管理職である場合に、より重くのしかかります。

管理職には、一般的に四つの立場があります。

まず、所属する部署のメンバー（部下）に対しては「組織の代表者」としての顔を持っています。次に自らの上司に対しては、「所属員の代表者」としての立場。さらに同僚に対しては「部門内の代表者」としての顔があります。そして最後に外部に対しては「会社の代表者」としての立場です。それぞれの立場としての役割は何か。まず部下に対しては、その仕事をマネジメントする役割があります。次に上司に対しては、補佐役、つまり上司の目標達成をサポートする役割です。次に同僚に対しては、協力する役割。そして外部に対しては、広報・情報収集の役割を担っています。

会社組織は一般的にピラミッド型の構造を持っており、組織の目標もピラミッドの上から下へと連鎖していきます。トップの年頭所感などによって、単年度の課題とその解決のための方向性が明示され、会社としての目標が定められる。それが各部長に下され、全社の目標を達成するための部の目標が決定される。それが課長に下されて課の目標が定められ……、という形で、最後には社員個々の目標に落とし込まれていくわけです。ですから、このような連鎖の中で管理職には、目標の結節点、組織をつなぐ連結器としての重要な役割がありま

1　「未満」対応ができなかった場合の損失

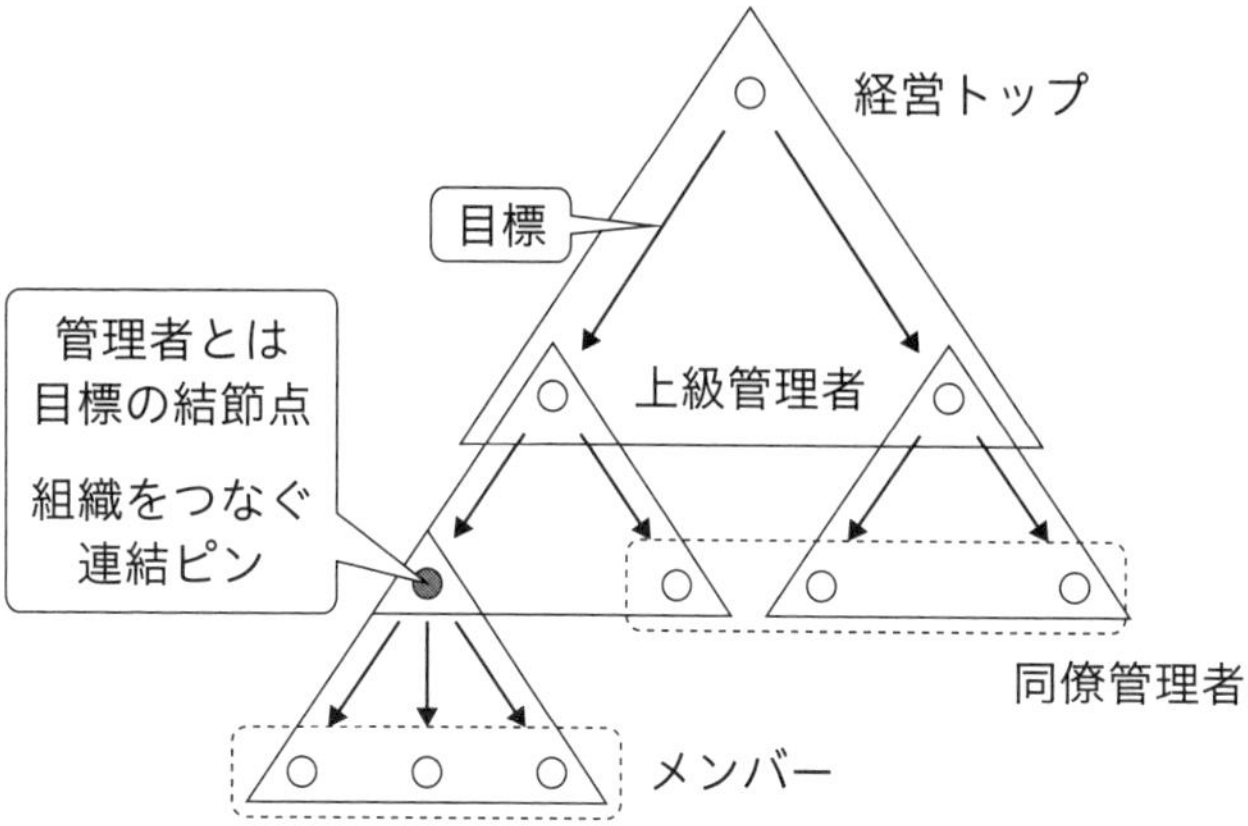

す。

「問題社員〝未満〟」と向き合うあなたは、そこに振り回されて、不満を募らせている場合ではない立場。つまり、あなたには「上司」もいれば、同僚、「問題社員〝未満〟」以外の部下もいる。あなたの「目」というビデオカメラだけでなく、職場の入り口に取り付けられているビデオカメラから職場を見ているような俯瞰視するイメージをしてみるといいかもしれません。

「問題社員〝未満〟」に時間を割いている間、あなたの「未満」以外の部下への指導助言は削られます。場合によっては、「問題社員〝未満〟」と「未満」以外の部下がトラブルを起こすこともあるでしょう。上司であるあなたは、そこで無関係ではいられません。もしくは「問題社員〝未満〟」に適切な対処ができない場合、「未満」以外の部下はあなたのマネジメント能力に失望するかもしれません。さらに、あなたの上司もあなたの部下指導力に及第点をつけてはくれない懸念もあります。

職場に十名の人がいたとすると、実は四十五の関係性がそこに存在する計算になります。あなたは結節点として職場をより円滑に効果的に運営していかねばならない立場として、この関係性にも気配り、目配りが求められます。

「問題社員〝未満〟」の業務遂行の生産性が上がらないような場合、それはもはや「未満」を超えて問題になりかねないのですが、実は**より大きな問題は、あなたや職場全体の周囲の生産性を損なう要因になっていること**なのかもしれません。

「問題社員〝未満〟」は職場の若手の離職原因になり得る

この国の人口は、明治維新以降急激な増加を続け、二〇〇八年にピークを迎えた後、急激に縮んでいます。働く方々から選ばれる組織でなければもはや生き残っていけないということも自明の理であることは既にお伝えしました。

二〇〇〇年代には「若者の離職率は三年で三割」と話題になりましたが、昨今はその比ではない模様。入社と同時にどころか、内定と同時に転職サイトに登録する若者も少なくないそうです。彼らのリスクヘッジでもあり、こだわりのなさと言えるかもしれません。

筆者が若者たちと接する中で、転職を実行に移そうとしている人にヒアリングしてみると、ある程度の理由に収斂されてくる気がします。今回はそれらの中でもベスト2といえるものをご紹介させていただくことにしましょう。

❶ ここ（この上司の下）では成長できそうにない

彼らは自らの価値を向上させることに関心を寄せています。そりゃそうです、生まれて以降、この国の経済の伸長など見たことがないのですから、企業の価値向上に貢献する前に、自らの職業人としての価値を約束してくれそうにない組織や上司の下で時間を浪費することを極端に嫌います。タイムパフォーマンスが悪すぎます。

そんな中で、「問題社員〝未満〟」対応に時間を奪われているようでは、次代を担う若手育成に必要な時間が削られていくばかりになってしまいます。

❷ 正直者が馬鹿を見る

「私より頑張っていないように見えるあの人が、なぜ私より給料が高いんですか？」「あのメンドクサイ人が放置されているのが我慢ならない。正直者が馬鹿をみるのはやっていられない」、……他人と比べてもしかたがないのですが、やっぱり人は自分と他者とを比べます。「問題社員〝未満〟」が放置されているような職場からは、若者が離脱します。

目の前の「問題社員〝未満〟」を「未満」だからと放置しているようでは、周りの人たちの、特に若者のモチベーションが下がります。多少の理不尽さなら呑み込んできた昭和世代とはわけが違います。マネジメントというのは、頑張っている人が報われて、頑張っていない人が頑張らなければならないようにもっていくものです。さらには根性論で頑張ったり頑張らせたりする量の対応だけではなく、知恵と工夫による質の対応も必要そうです。

「問題社員〝未満〟」は時として、次世代の退職を促しているかもしれないとしたら、これは由々しき問題です。

食い止めるのは、上司であり管理職である「あなた」

既述のように、管理職であるあなたは「労働者」でありながら「使用者」の立場でもあります。決して脅すわけではないのですが、万が一、「問題社員〝未満〟」とトラブルが起こった場合、例えば「問題社員〝未満〟」が自社の労働組合に駆け込んだ場合は、組合から経営陣や人事部門経由で事実確認が行われるかもしれません。最近の企業内労働組合組織率は十五％程度と言われていますから、「うちには組合がない」という場合はさらに要注意です。「問題社員〝未満〟」がいきなり外部の例えば労働基準監督署に相談されることもあり得ます。労基署の労働基準監督官への相談ならまだよいです。監督官はあくまで労働者と使用者に対して中立の立場。どちらの味方をするわけでもなく、法に基づきながら第三者として客観的に「間」に入るでしょう。最も怖いのは、「問題社員〝未満〟」がX（Twitter）などのネットに一方的に情報を垂れ流すような場合。そもそも本来の登場人物ではない立場の人たちがそれぞれの主観や事実に基づかない情報で、言いたいことを言い始めます。下手をしたら大炎上になったりもするでしょう。「問題社員〝未満〟」はそこまでに発展することはないから「未満」なのですが、**いつでも「以上」になり得る危うさ**を持っています。そうなってくると、登場人物の人数は想定を大きく超えてしまいます。だからこそ、「問題社員〝未満〟」が問題社員「以上」になる前に食い止めるという発想も重要です。

そしてそんな管理職たる上司を、周囲が後方支援する、という体制ができているかどうかも要確認です。そしてもしこの本を手に取っている方が、「問題社員〝未満〟」の同僚や後輩であれば、管理職たる上司に動いていただきつつ、フォロワーシップの発揮をお願いします。後述しますが、「問題社員〝未満〟」対応においては、決して孤独になってはいけません。

2 「未満」と「以上」のはざま

問題社員にならなら戦力外通告はできるのか

十年ほど前のことでしょうか。セミナー主催会社で比較的集客のいいセミナーがありました。弁護士の先生が登壇される、題して「問題社員の法的対処方法」。法的対処ですから、育成的な視点ではなく、退職勧奨のようなことも想定した、そこに至るまでの段取りの知識や技術の伝授セミナーという印象でした。

これらのセミナーでは何をもって「問題社員」と定義しているのかを確認してみると、

- 組織としての活動を積極的に阻害させるタイプ
- 周囲を呆れさせてコミュニケーションもできないタイプ
- 仕事ができないことを開き直ったり、上司に反発して仕事をあえてしないタイプ
- 精神的不調を繰り返し、周囲の負担を増加させるタイプ
- 組織の一員としての適格性に疑問を抱かざるを得ないタイプ

といった具合です。

一概に「問題社員」と括れないほどその問題ぶりは多様ですが、いずれも裁判例から説明がなされ、不幸にも問題社員が発生してしまった場合に「問題社員ぶり」をどのように立証するか?、どのようにして同意書や注意書、警告書を作り、文書を残すか?、改善の見込みがないことをどのように証拠づけるか?、実質的な解雇理由をどのように設定するのか?、退職届を出してもらうためにどのようにアプローチをするのか?、場合によっては個別労働紛争になった場合、どのような解決機関が用意されているのか?、労働組合との対応方法は?、といったノウハウが提供され、万が一の紛争に備えてリスクの軽減の図り方を学ぶといったセミナーでした。

労働契約法十六条には「解雇は客観的に合理的な理由を欠き、社会通念上相当であると認められない場合は、その権利を濫用したものとして、無効とする」と規定されています。解雇は従業員やその家族への影響が非常に大きいので、一定の制限がかけられていますが、逆に言えば、「客観的に合理的な理由があれば、解雇もあり得る」と読み替えることもできてしまいます。この国の法制下にあっては、従業員の解雇は容易なことではありません。それでもなお、こうしたセミナーが人気であったのは、藁にもすがりたい現場の姿の表れなのかもしれません。

問題社員の問題たる所以は、本人に支払われる貢献に見合わない人件費以上に、その問題社員の上司や職場の人たちが、その人の言動や存在に振り回されることで本来の業務が手につかなかったり、職場の雰囲気が悪くなったりすることです。たった一人の問題社員の存在でも、職場に与えるその影響力はなかなか甚大。全社的には、周囲の時間を食いつぶしていることのほうが、相当な不利益になるわけです。ではこの問題部下に対しても、育成の仕様はあるのでしょうか。

そのタイミングで私のところにも依頼がありました。「退職勧奨のノウハウに対するニーズがあるのであれば企画はする。しかし併せて育成を諦めないという切り口のセミナーも用意したい」と。そこで私はいわゆる問題社員の育成を「諦めない」といった切り口のセミナーを提供し始めることになりました。

本書では問題社員ではなくて「問題社員〝未満〟」を取り扱っていくわけですが、当時、私がこの問題社員育成のセミナーに登壇した際、事後のアンケートでこんな記述をされた人がいました。「通常の育成でも容易ではないのに、問題社員の育成は途方もなく手間と時間がかかることを理解しました。雇用責任を果たすためにそれに向き合いながらも、法的対処のセミナーにも念のため参加しておこうと思います」。確かに自分を変えることすら容易ではないのに、人の行動変容を促すことは、とても難易度が高いことです。

問題のあり様が一概に括れないまでも、各社が**「未満」と「以上」の差を判断する際に**

は、組織が組織である価値を低減させるかどうかという点に収斂されると考えられます。もちろん程度問題もありますが、組織の存在価値が社会価値の創造であるならば、それを棄損させ始めたら「未満」の域を越えてしまいます。「問題社員〝未満〟」が「問題社員」になる前に、食い止めていただきたい理由はここにあります。それは組織のためにも、そして「問題社員〝未満〟」のためにも、です。

真に必要な「対人関係構築力」

採用活動において、組織はそもそも何のために「面接」をしているのでしょうか。コミュニケーション能力を確認するため？　それは違います。仕事に真に必要なスキルは、コミュニケーション能力ではなく、「人間関係構築力」です。よどみなく話ができる人がいい仕事をするとは限りません。「この人はトツトツと話をするけど、なぜかお客様の信頼を勝ち得て帰ってきそうだな」という人がいれば、そちらのほうがいいわけです。それなのに未だに人事パーソンたちは「コミュニケーション能力」の重要性を連呼し、面接評価シートの判断軸には「コミュ力」「積極性」「主体性」といった項目が列記されています。そして、面接をしている数十分の対話の中で垣間見える「コミュ力」「積極性」「主体性」に対して観察がなされたりしています。面接で真に確認しなければならないのは、面接時間中のその人の行動ではなく、過去数十年で積み重ねてきたその人の経験とその受け止め方、活かし方、結果としての行動や行動変容です。

問題社員「未満」の人たちが組織に入る際の面接評価資料などを拝見していると、私の経験上、決して評価は悪くないことが多かったりします。いやむしろ、好評価の記録が残されていることも少なくありません。生きる術というのでしょうか、三十分程度の面接であれば、彼らは十二分に立ち振る舞えるのです。それだけに仕事で直接の利害関係がない隣の部署の人や、短時間の交流で事足りる顧客からみると、「問題社員〝未満〟」であることがまったくわからないどころか、入社時面接の記録同様にむしろ好印象だったりする場合もあります。それは第一印象の良さや、自分の意見を臆せず主張できたりするところからきているのかもしれません。

問題解決能力に長けていて、何かトラブルがあるとネットワークの力で立ち回って解決はするので、なんだか周囲からは評価されるのだけれど、そもそもトラブルを起こしている張本人だよね……なんていうこともあります。逆に、日々ルーティンを適切にこなしているだけなのでなかなか評価されないのだけれど、実はトラブルを未然に防ぐだけの対処を確実にしているからであって、それが周囲からは平穏無事に見えているような管理職もいます。人を見極める際は、単にその瞬間の行動だけでなく、中長期的な視点も忘れてはなりません。

コミュニケーション能力は手段です。真に組織において「長期的に」信用・信頼される人とはどんな人なのか、を考えることから、私たちは始める必要があるかもしれません。

そもそも、人間が人間を真に理解したり評価したりすることはできないのかもしれません。最後はテクニックではなく、自らの身体と頭と心を適切に使うこと、己の五感を精一杯磨くことのように思えてなりません。これもまたキレイゴトかもしれませんが、キレイゴトを語れなくなったら組織は終わりだと私は思うのです。皆様の組織が、次代の自社を担う原石に出会えることを祈念しつつ（ダイヤモンドの原石を磨くことができるのはダイヤモンドだけ）……。

3　「未満」と向き合える人、向き合えない人

期待することの功罪

以前私が住んでいた地域の婦人部長の女性（六十代後半）は、とても素晴らしい方でした。平和への貢献を信条としながら、地域のボランティア活動に積極的に取り組んだり、「国境なき医師団」を通じた寄付活動をしたりなさるような方でした。そもそも、婦人部長を引き受けるような世話好きな方です。赤い羽根の共同募金の時期になると、自ら募金箱をもって、最寄り駅に立っているような方でした。私も地域社会に生きるひとりの女性として、できるお手伝いをさせていただくこともありました。

しかしです。非常に残念なことに、その婦人部長は、隣のお宅に住んでいる人と非常に仲が悪かったのです。平和を謳うのであれば、その隣の人とこそ仲良くしたらいいのに……と不思議な気もしましたが、**人は「遠い」存在より「近い」人間関係の方が難しい**のかもしれません。

私もそうです。私は以前、子供を対象とした学習塾をフランチャイズ経営していた時期があります。その際には、たくさんの子供たちの学習の指導に関わりました。他人様のお子

期待＜＜結果＝感動
期待＜結果＝喜び
期待＝結果＝満足
期待＞結果＝不満
期待＞＞結果＝被害者意識

さんに対して「なんでできないの？」なんて言ったこともなければ、そんな風には思いもしませんでした。しかし、当時小学生であったわが子には、言ってしまうのです。「なんでできないの？」と。

そう。おそらく人は、より近しい人間関係のほうが難しいようです。隣の部署の若手に対しては許せることが、自分の部下となると許せないこともあります。それはなぜか。人は、近い関係性の人間には「期待」をするからかもしれません。自分の夫だから、息子だから、上司だから、部下だからとつながりが深いほどに、あなたは私の期待に「応えて」くれるのですかと、人は人に期待を寄せます。もちろん誰からも期待をされないというのは、それはそれで苦しいことでしょう。しかしこの期待の始末の悪さは、その期待は所詮、自分の一方的な基準や物差しでできているということです。

適切な期待は人の存在価値を高めますが、この期待が過度に働くと、期待をかけたほうも期待をかけられたほうも苦しい思いをすることになります。あなたの「問題社員〝未満〟」に対するその期待は、双方向から成り立っていますか？　一方通行になっていませんか？　もしくはその期待に合理性はありますか？　また当事者である「問題社員〝未満〟」はその期待レベルを認識していますか？

揺さぶられる感情

「問題社員〝未満〟」との付き合い方の難しさは、あなたの「期待」が叶えられないことのみにとどまりません。

一般的にネガティブと言われている感情を大きく三類型に分けて、次表に列記しました。それぞれ誰しもが持っている感情ですが、中でも自分がよく感じると思われるものがいくつかあるはずです。まずは該当する感情にチェックをつけてみてください。

Aタイプ

□【後悔】問題や結果にいつまでもくよくよ悩みます。
□【心配・不安】起きた問題やこれから起きるかどうかわからないことについて、必要以上に心配したり不安がったりして落ち着きません。
□【罪悪感】行動の結果に対して必要以上に罪悪感をもち、自分を責め続けます。
□【混乱・困惑】起きてしまった状況に混乱し、どう対処していいかわからなくなります。
□【自己卑下】自己防衛のために、必要以上に謙遜し、へりくだってしまいます。

□【劣等感】自分は人より劣っている人間だと自覚してみじめになってしまいます。
□【甘える・すねる】相手にすり寄ったり、自分の思い通りにならないとすねたり、ひがんだりします。
□【恥辱・不面目】人から指摘されたり、批判されたりすると辱めを受けたと感じます。
□【憂うつ・悲しみ】人から責められると反論できず、憂鬱になったり、哀しくなったりします。
□【哀れみ・同情】自分のせいで迷惑をかけたと相手を不憫に思ったり、気の毒だと思ったりしてしまいます。
□【羨望】すべては自分より他人の方が恵まれていると、うらやましさを感じたりします。
□【傷心】適切な結果が周囲から得られないと、心が傷つけられてしまいます。
□【悲哀】努力が報われなかったり、気持ちが相手に理解されなかったりしたとき、しみじみとかなしくなってしまいます。

Bタイプ

□【怒り・攻撃】自分に非がある場合や、やむを得ないことでも、相手に怒りや攻撃を加えます。
□【優越感】相手のやり方や結果を批判し、自分のほうが優れているところを言動で示します。
□【競争意識】どちらに力があるかを常に意識し、自分のほうが優れているところを探します。
□【使命感・全能感】「自分がやらねば誰がやる」と自分の能力や立場を勘違いして頑張りますが、うまくいきません。
□【冷静】自分に非があることに対し感情を押し込め、他人に非があるように思わせます。
□【独善性】他人に任せることができず、一人で仕切り、他人が手を出すことに不快感を持ちます。

□【潔癖感】「規則だ」「ルールだ」と自分のことを棚に上げて、コンプライアンス順守を主張し、組織衰退をもたらします。
□【かんしゃく】スムーズに事が運ばなかったり、わずかな問題でも神経過敏に対処したりして、感情を抑え切れないで激しく怒り出します。
□【いきどおり】自分に不利な状況になると、不満を持ち、憤ります。
□【かた意地・拒絶】自分の問題を素直に認めず、アドバイスや援助をかたくなに拒みます。
□【嫌悪感】相手を忌み嫌う感情を持ち続けます。
□【緊張感】問題が発生すると、今にも争いが起きるような緊張感が走ります。
□【批判・非難】自分に不都合なことは批判し、非難を繰り返します。
□【疑い】人の好意を素直に受け入れず、裏に悪意があるのではと疑います。
□【恨み】自分に不都合なことは相手のせいだと、相手を恨みます。

Ｃタイプ

□【恐怖】起こるかどうかわからないことに怯え、必要以上に悪いほうへ想像し、強い不安感や恐れを抱きます。
□【あせり】問題に対処しようとしますが、思考や行動が伴わずただ焦るだけで、解決に進みません。
□【落胆】望んだ評価が得られなかったり、批判されたりするとすぐに落ち込んでしまいます。
□【不全感】何をやっても常に満たされない気持ちを持ち続けます。
□【孤独感・身捨てられ感】もう誰も相手にしてくれない、見捨てられてしまったと孤独に陥ります。

□【虚しさ・虚無感】すべてが虚しく無駄だと感じます。
□【敗北感】何をやっても自分は負けだ、失敗するのだと感じています。
□【疲労感】何をやっても満足感が得られず、結果に対して疲労感だけを感じます。
□【絶望感】期待や希望を失い、もうおしまいだとがっかりし、幻滅し、失意に陥ります。

（特定非営利活動法人日本交流分析協会「交流分析士一級テキスト」
（二〇一一年二月第四版）70～72ページを加工して引用）

いかがですか。あなたはA、B、Cのうち、どのタイプに一番多くの○がつきましたか。
どれが多ければ良い悪いというものではありませんが、人はストレス状況下に置かれると、それぞれにお決まりの感情を心に抱きます。

Aタイプ…交流分析においては「第2の立場（私はOKではないが、あなたはOKである）の感情」
Bタイプ…交流分析においては「第3の立場（私はOKだが、あなたはOKではない）の感情」
Cタイプ…交流分析においては「第4の立場（私はOKでなく、あなたもOKではない）の感情」

例えばAでチェックをした個数がBより多い場合は、負荷がかかった時に、自分の価値や存在や能力を過小評価する傾向が強い（と自分で思っている）のかもしれません。逆に、BよりAが多い場合は、相手の価値や存在や能力を過小評価する（すなわち、自分自身を過大評価する）傾向が強い（と自分で思っている）のかもしれません。Ｃが一番多い場合は、自己と他者とをともに過小評価しすぎているのかもしれません。やはりそれ自体が悪いことだとは思いません。それは生きていく中で、適度な「正当防衛」「自己弁護」を働かせてきた結果。しかし、それすら客観視して、世の中の事象を、あるがままに等身大に見ることができるようになったらいいのかもしれませんね。

　実はこうしたネガティブな感情の存在が、育成の切なさにつながっているのだと思います。人は誰しもその思考パターンや行動パターンに「くせ」を持っています。そして同様に、誰しもがその感情に「くせ」を持っています。私がよく感じる、お気に入りのお決まりの感情なるものを、誰しもが抱えて生きています。こうした感情を抱くこと自体は決して悪いことではありません。肉体的に痛点があるからこそ、人は痛みに気が付いて必要な治療や対処ができるのと同じです。ネガティブな感情も生きていく上で必要なものとして身につけてきたものに違いありません。

　しかし例えば、部下がこちらの期待通りに成果を上げてくれないと**「イライラする」（かんしゃく、いきどおり）から辛い**のです。さらに、そんな**イライラする自身の「器の小ささ」に落ち込む（自己卑下、悲哀）から辛い**のです。「うちの部下はまた失敗をしてくれた。ありがたいなあ。彼はいつも私に部下育成のスキルアップのチャンスをくれる。あのように伝えてだめだったのだから、次はどう伝えてやろうかなあ」などと思えたら部下育成は楽しくて仕方がないはずのものになるはずです。しかし、人はなかなかそんなにポジティブにものは考えられません。ムクムクとネガティブな感情があらわになります。こうして自らの感情が揺さぶられることが、育成の困難さや「問題社員〝未満〟」の対処の苦しさにつながっていくのではないでしょうか。

また、83ページでもふれたように、感情はやっかいなもので、その時感じるだけにとどまらず、時間が経過してからも何度も想起させられることがあります。もはや「反芻」レベルでずっと頭の片隅にイライラを飼い続ける人までいるかもしれません。こうなってくると、感情を支配されているだけではなく、「未満」が目の前にいない時間までもが支配されていることになりかねません。その感情を手放す必要があります。

事情をよく知っている第三者や家族があなたの愚痴を聞いてくれているうちはいいのですが、それも頻度を増してくると、いつまでも付き合ってもらえるものではありません。むしろあなた自身が、いつも部下のことで周囲に愚痴って、他者の時間を奪い続ける「問題社員〝未満〟」になりかねません。また一時的な愚痴は対処療法的な効果はありますが、根本的な解決にはならないことも理解しておいてください。頭痛の際に鎮痛剤を服用するのと同じです。頭痛の根源を絶てていないのです。

役割とか責任というものは、上の立場になればなるほど、その己の感情すら自分自身で処理することが求められます。とはいえ、感情はコントロールできるものではありません。感情は生理現象として浮かんでくるものです。そんなものをコントロールしようとしたら、かえって心がやられてしまいます。まずは、「問題社員〝未満〟」と向き合っているとき、先ほどの表の中のどんな感情を自分が味わっているのかを見つけてみてください。

感情を味わった後の、行動を変える

一見、ネガティブな感情も不可欠な存在です。そこにはちゃんと何がしらかの「エネルギー」があります。泣き、笑う。悲しみ、そして喜ぶ。大いなる人生を大いに生きる。己の感情をちゃんと感じて解釈し、味わい尽くせる力、それを次の行動のエネルギーに転化させているのであれば、ネガティブな感情も非常に大切な感情です。例えば、絶望の淵にあってそれでもなお希望をうたえるかどうか。それが本当の希望ではないでしょうか。

【参考】ネガティブな感情にあるエネルギー

▼真の哀しみは、過去を癒し、今を受け入れる力です。人は悲しむことによって、過去を清算することができます。お葬式は悲しみの儀式かもしれませんが、あそこでしっかり自分自身の悲しみを聴いて認めて許しておかなければ、いつまでも大切なあの人が頭の中に居続けてしまいます。
▼真の怒りは、現状を打破するエネルギーです。今の政治に憤るような若者が出て来れば今の政治を変える力になります。私たちもありますよね。悔しいから頑張っちゃったりすることが。
▼真の恐れは、未来への準備を促す原動力です。被災地の方々は今も続く余震に日々怯えて暮らしていらっしゃることでしょう。しかし人は、不安に思うから未来に向けて準備を始めます。

上司側は、「問題社員〝未満〟」に向き合うに伴って**味わうことになるネガティブな感情を決して否定しないことが最初の一歩**です。大切なことはその感情を味わった後の自分自身。「腹が立つ。何度言ったら自分の部下をわかってくれるのだろうか。しかしこんなことで腹を立てている自分はなんて器が小さいのだろう」と落ち込むのではなく、「腹が立つ。何度言ったら自分の部下はわかってくれるのだろうか。しかしここで怒鳴りつけたところで、それはこの「問題社員〝未満〟」の成長にもつながらなければ、ましてやこの状況の何の解決にも至らない。今、自分は腹が立つという感情を抱えながらも『どういう経緯でそこに至ったのか、ちょっと状況を説明してくれるかい？』と部下に聞こう」と思って聴くことはできるはずです。ビジネスライクに感じられるかもしれませんが、ここはひとつ損得勘定で合理的に考えてみてください。感情は否定せず認めながらも、一方は自身の思考でその先にある損得をシミュレートするのです。

自律神経が司る感情それ自体は、どんなに徳を積んだ人でもコントロールなんてできません。私たち人間がコントロールできるのは、その感情を味わった後の自らの行動のみです。それをもって私たちは「感情をコントロールする」と表現しているにすぎません。器の大きい人は、感情そのものをコントロールできるのではなく、その感情を俯瞰で理解し、その上で言動を選択しているようなもの。メンタルもスキルです。私たちが人の個性を変えられないように、自分自身についてもやはり変えることができるものは、個性ではなく、己の行動だということなのでしょう。いや、「問題社員〝未満〟」には、**自らの感情とその場の状況を客観視し、その時必要な言動を選択する力が求められます。**

第3章

〝未満〟対応の大前提

「問題社員〝未満〟」対応に「向き合う」以外の選択肢はないのかについても言及しておきます。

また、通常の育成においても必要な「原理原則」を確認しておきます。

1 人事としての選択肢――活用か、放置か、退場か

権利の主張と義務の遂行はセット

本章は、どちらかというと人事部門の方になじみのある話になります。だからこそ、管理職の方々にも知っておいていただきたい内容になります。

第1章 2 でもお伝えしたように、相対する二人以上の当事者が合意をすることによって権利と義務の関係を作り出す行為を「契約」といいます。契約は法律行為の一つです。ちなみに法律行為とは本人の意思表示に基づいて権利義務を作り出したり変えたりする行為にほかなりません。ひるがえって私たちは、「労働契約」を締結して会社に入ります。すなわちそこには「権利」と「義務」が生じています。

【参考】 労働者の権利と義務

権　利	賃金請求権	
義　務	労務提供義務	・使用者の指揮命令に従って誠実に労働する義務

誠実労働義務 職務専念義務	・命じられた仕事が完全に遂行できる心身の状態を保ち、誠実に勤務する義務 ・就業時間中は、その職務に専念する義務
教育研修受講義務	・使用者が実施する、業務に必要な知識、技術などに関する教育・研修を受講する義務
職場秩序遵守義務	・職場秩序を遵守する義務
守秘義務	・業務上知り得た使用者の営業秘密や企業秘密を（在職中、および退職後に）その承諾なく使用したり、開示したりしてはならない
競業避止義務	・（在職中、および退職後）使用者の事業と競合する事業行為をしてはならない（労働者の職業選択の自由等との総合判断は必要）
調査協力義務	・労働義務の履行の範囲内において、使用者の行う各種の調査に協力する義務
健康保持、 健康診断受診義務	・自己の健康を保持し、使用者の行う健康診断を受診する義務

【参考】使用者の権利と義務

権利	指揮命令権 業務命令権	・労働者の労働力を利用・処分できる
	人事権	・労働者の採用、配置、異動、考課、昇降格、昇進、休職、懲戒、解雇など、労働契約の締結によって使用者が取得した、労働者の地位や処遇に関する決定ができる
義務	賃金支払い義務	・法律に従って賃金を支払う
	労働の受領義務	・提供された労働力を使用するか否かは自由であると解されている
	安全配慮義務	・労働者の生命および身体などを危険から保護するよう配慮する義務
	職場環境保持義務	・労働者が職場で快適に働けるように、職場環境を整備・保持する義務
	人格的利益の尊重義務	・労働者のプライバシーや名誉などの人格的利益を尊重する義務

働く人には権利があります。私は社会保険労務士という仕事もしていますから、労働者の権利を守ることが重要な仕事の一つです。しかし、権利を主張できるのは義務を果たした人のみです。自由は謳歌したらいい、日本は自由な国です。しかし、自由が主張できるのは責任が取れる者のみです。ですから未成年の自由にはいくつかの制約があるのだと思います。

労働法の観点から見ると、働く人の明確な権利のひとつは「賃金請求権」です。たったこれだけ？　と思われるかもしれませんが、逆に言うと使用者側には「安全配慮義務」があります。「労働者の生命および身体などを危険から保護するよう配慮する義務」です。ですからCOVID-19の蔓延下にあって、各社は従業員の「安全配慮」に最大限の注意を払いました。在宅勤務を促したり、時差出勤制度を導入したりした企業が多くあったように思います。

逆に言えば、働く人はこの「安全配慮義務」が満たされた職場で働く権利を有するということになります。相手方の義務はこちら側の権利になりますから、労働者の権利は賃金請求権だけではないということもおわかりいただけるでしょう。

しかし同様に、働く人には種々の「義務」があります。例えば、いくら仕事で成果を上げているからといって、周囲の社員から見ても明らかに誠実に働いておらず、上司にも反抗的な姿勢で仕事を適切に遂行しないために周囲の社員の負担を増して業務上の支障を生じさせる従業員は、職場の秩序を乱していることになります。組織はなぜ存在するのかという48

ページの問いに対する答え（安くすむからだ）に適合もしていません。また、労働者には「職場秩序遵守義務」があります。休憩時間は自由に利用したらいいのですが、休憩時間の一時間ずっと食事も摂らずスマホでゲームに没頭していた結果、午後からの就業中にふらふらになって仕事に支障をきたすようなことは「職務専念義務」違反になりかねません。

働く人にはこうした義務が課せられています。判例上においても、会社は労働契約関係に基づき、社員に対して企業秩序維持のために必要な措置を講ずる権能を持つとともに、社員は企業秩序を遵守すべき義務を負っているとされています（ＪＲ東日本（高崎西部分会）事件（最高裁平八・三・二八労判六九六号））。

「問題社員〝未満〟」は、パワハラや嫌がらせを誘発する

企業組織の再編や人事労務管理の個別化などに伴い、労働関係に関する事項についての個々の労働者と事業主との間の紛争（個別労働関係紛争）が増加していたため、二〇〇一年十月、当事者間の紛争を迅速に解決する目的で、地方労働局に調停機能を持たせることなどを内容とする「個別労働関係紛争の解決の促進に関する法律」が施行されました。

導入されて二十年が経過する法律ですが、今やこの制度を使っての申出件数は一年間で九万件を超える勢い。総合労働相談件数だけであれば、年に一二〇万件を超えて十二年連続

【参考】

民事上の個別労働紛争／主な相談内容別の件数推移（10年間）

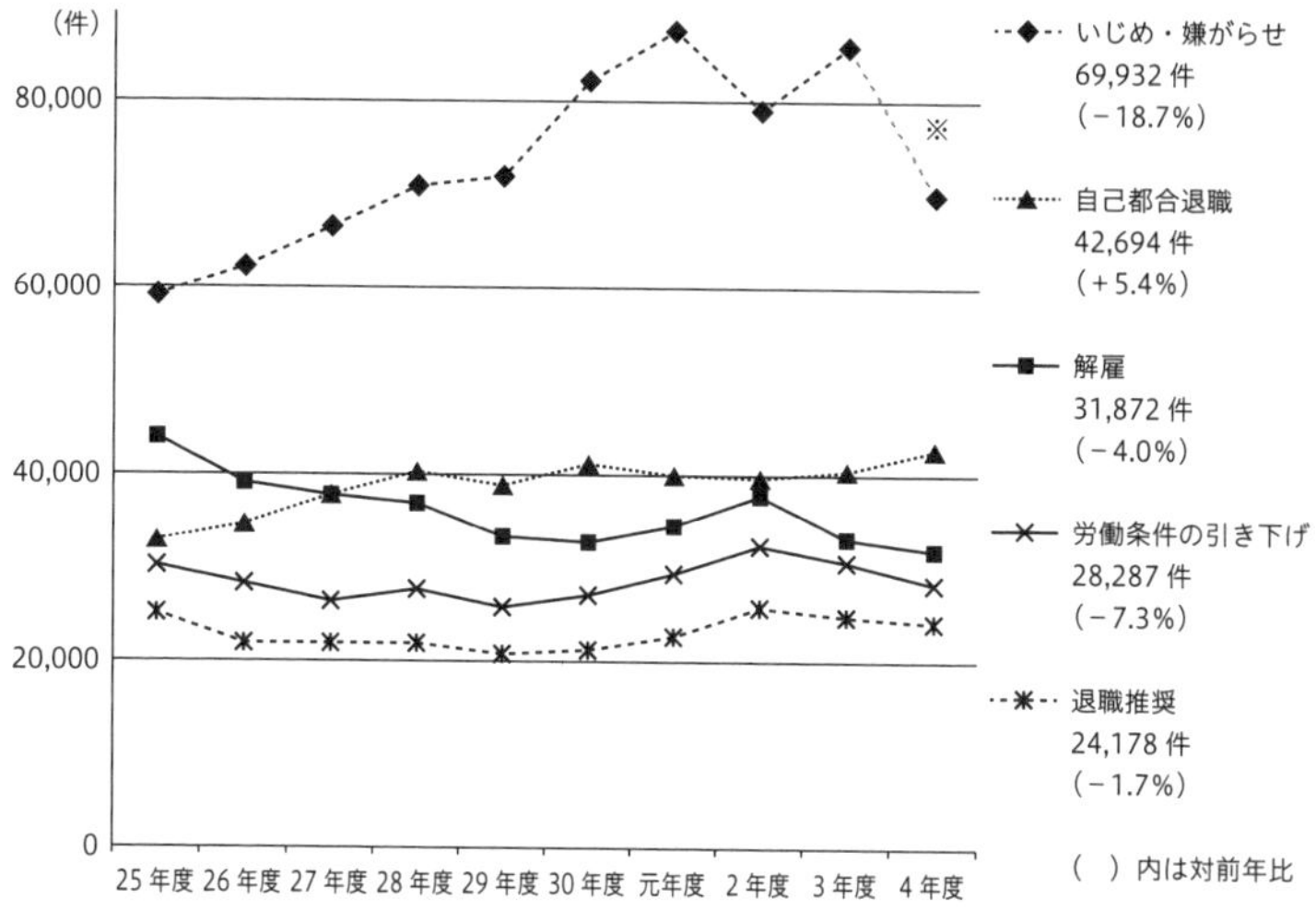

（厚生労働省「令和４年度個別労働紛争解決制度の施行状況」（令和５年６月）より）

で高止まりしています。

そして平成二十四年以降、相談件数のトップは「いじめ、嫌がらせ」。制度のスタート当時、一位であった「解雇」を大きく上回り、今では相談件数のダントツ一位となっています。さらにこの「いじめ、嫌がらせ」の内容について見ていくと、パワハラに該当するような内容が多数を占めているようです。私は、この中に「問題社員〝未満〟」の人への対応を失敗したケースも少なからず含まれているように感じています（パワハラする人を擁護しているわけではありません）。つまり「問題社員〝未満〟」の被害者が、パワハラの加害者になってしまう。こんな切ないことはありません。実際、個別労働関係紛争の手前、行政の総合労働相談コーナーに寄せられる相談の三割は事業主からのものとなっています。

いずれにせよ、日本全国で一日に二百件を超える「いじめや嫌がらせ」の申し出が起こっていると考えると少しぞっとします。これはおそらく氷山の一角であり、実際にはこの十倍を超える水面下のトラブルが、職場で繰り広げられているのかもしれません。

「問題社員〝未満〟」対応の前に、問題社員に向き合う際の具体的な選択肢について見ていきましょう。まずは先の（90ページ）法的対処のセミナーの実践のような「退場を促す」場合。なお、念のため従業員の解雇は容易ではないことは再度申し添えておきます。日本の解雇権濫用法理は会社からの一方的な解雇を制限する基本的なルールで、「客観的に合理的な理由を欠き、社会通念上相当であると認められない解雇は、その権利を濫用したものとして無効とする」（労働契約法十六条）とされます。

もし「客観的に合理的な理由」があり「社会通念上相当である」と思われる場合でも、「認められる」ためには、自社の就業規則中で「解雇規程」が規定されており、かつ客観的な証拠が必要です。まずは大前提として、会社として雇用の継続が認めがたいとする「解雇事由」についての記載が就業規則上、なされているかどうかの確認をお願いします。もちろん、ここに記載があるからということだけで解雇ができるわけでは決してありません。しかし**組織**

として**「やってはいけないこと」というメッセージは明確にしておいてください。**記載するだけでなく、その意味や内容を社員一人ひとりが認識していることが大切です。一方通行違反をした車の運転手が「道路交通法に規定されている一方通行の道路標識を知りませんでした」という言い訳をしたところで、運転免許を交付されている限りそれは通用しません。同様に社員の人が「就業規則の規定を知りませんでした」と言うようなことがないように、入社時や普段からの適正な運用で周知を図り協力を取り付けていくことが必要です。

しかし本書で扱うのは「問題社員〝未満〟」であり、退場を促せるほどのレベル感ではないということになります。「問題社員〝未満〟」は「客観的な合理性」と「社会通念上の相当性」の立証がほぼできないパターン。「問題社員〝未満〟」が問題になる前に食い止めていただきたいのですが、必要なルールの整備と運用はなさっておいてください。参考までにごく一般的な就業規則中で「解雇規程」を次に記載しておきます。

（解　雇）

第○○条　従業員が次の各号のいずれかに該当する場合は解雇とする。ただし、第○○条（制裁事由）に該当すると認められたときは、同条の定めるところによる。

1　精神または身体に故障があるか、または虚弱、傷病、その他の理由により業務に耐えられない、または労務提供が不完全であると認められるとき

2　協調性がなく、注意および指導を行っても改善の見込みがないと認められるとき

3　職務の遂行に必要な能力を欠き、かつ、他の職務に転換させることができないとき

4　勤務意欲が低く、これに伴い、勤務成績、勤務態度その他の業務能率全般が不良で業務に適さないと認められるとき

5　正当な理由なき遅刻および早退、並びに欠勤および直前休暇要求が多く、労務提供が不完全であると認められるとき

6　特定の地位、職種または一定の能力を条件として雇入れられた者で、その能力および適格性が欠けると認められるとき

7　業務上の負傷または疾病による療養開始後三年を経過しても当該負傷または疾病が治らない場合であって、従業員が傷病補償年金を受け取っているときまたは受け取ることとなったとき（会社が打ち切り補償を支払ったときを含む）

8　事業の縮小その他会社のやむを得ない事由がある場合で、かつ、他の職務に転換させることもできないとき

9　非行違法行為が繰り返し行われたとき
10　会社の従業員としての適格性がないと判断されるとき
11　天災事変その他やむを得ない事由により、事業の継続が不可能となり、雇用を維持することができなくなったとき
12　その他前各号に準ずるやむを得ない事由があるとき

【参考】能力不足を事由とする解雇に求められる要件（判例等より）

✓能力不足であることが、客観的かつ絶対的な評価に基づくこと。
✓著しく労働能率が劣ること。その程度が会社経営に支障や損害を及ぼしていること、もしくは重大な損害を及ぼす懸念が予測されること。
✓能力不足が労働者個人の能力に起因するものであること。
✓能力不足について、改善の余地がないこと。
✓他の労働者との均衡がとれていること。

就業規則の意義

「就業規則」について少し補足しておきます。労働契約には法で明確に定められているものと、各社が使用者と労働者の間で取決めをして締結しているものとがあります。

例えば残業に対して相当の割増賃金を支払わないことや、有給休暇を取得させないことは法律違反になります。しかし、「退職金の支払い」や「通勤手当の支払い」、もしくは「特別休暇の付与」は法律で定められているものではありません。もちろん、退職金を支払うのであれば、支払うルールを取り決めなさいという法律はありますが、退職金を払えとは労働法には記載されていません。ではなぜ各社は、退職金を支払うのでしょうか。労働者にわざわざ通勤手当を支給するのでしょうか。それは各社の取決めです。今どき、通勤手当も支払ってくれないような会社がどうやって優秀な人材を確保するのでしょうか？　これは法とは別に各社が独自に設定しているルールであるということになります。これらについて記載されているのが「就業規則」ということになります。

就業規則には労働者の権利についての記載がなされています、例えば、家族手当や扶養手当の支払いルールや、年末年始の特別休暇の付与についての取決めなど。これは、その組織で働く人たちの権利の一つです。しかし、「就業規則」には義務も規定されています。「服務規程」「懲戒規程」「褒賞規程」などがそれにあたります。就業規則の中にも、このように権利と義務が記載されていることを確認いただけることと思います。

誤解なきよう。決して「厳しくルールを順守させよう！」と言っているわけではありません。荒れている高校に限って校則は厳しいものです。きちんとルールを遂行できる学生が増えてくると、ある程度当事者の裁量に任せることができます。また、例えば社長が「挨拶をしよう」というルールを決めた瞬間に、誰よりも挨拶をしなければならなくなるのは社長です。ルールは規定したその本人をも拘束するという特徴があります。

既述のように、組織では「多様化」が進んでいます。多様化すればするほど、その多様性を取りまとめる「ゴールの共有化」が不可欠になります。そして同時に、みんなが決めたルールをみんなで守るという大前提が不可欠になります。それはスポーツ競技と同様かもしれません。そのスポーツには、独自のルールがあります。団体競技であれば、そのルールという制約の中で、各チームが共有したゴールを目指します。競技ルールを破って勝ちを獲ったところで、ルール違反ということで取り合ってもらえません。**「多様性」が叫ばれれば叫ばれるほど、「ルール」と「ゴール」が共有化されていく**ことになります。さもなければ、こんなに「多様」な人間がどうやって組織活動をトラブルなく遂行していくことができるのでしょう。

法は絶対ではありません。国が変われば法が変わるように（もちろん、国際法はあります）、組織が違えばルールは異なる部分があります。救命救急という組織で重要なルールと、ITベンチャーで必要とされるルールは異なる部分もあるし、しかし多分に共通点もあります。社会通念や自国の法に違うものでない限り、内部組織はその定められたルールに則って組織活動を遂行しています。そうしたこともあり、改めて自組織のルールブックである就業規則などは、人事パーソンのみならず、管理職もそして構成要員も全員が、理解しておく必要があります。

最後に残された道も知っておく

いきなり解雇規程を適用する前に、就業規則には社員の義務違反に対する制裁、いわゆる懲戒処分についての記載があるはずです。よほどの不正を働いたわけでもない限り、いきなり「お前はクビだ」などということはできません。例えば、まずは「戒告」を行うなどして注意を促し、それでも改まらない場合には譴責によって始末書を取ります。それでもまだ改まらない場合には減給措置もしくは昇給停止、出勤停止、降格・降職といった段階があります。こういったステップを経ずしていきなり解雇というのはいくらなんでも乱暴になります。おそらく「問題社員〝未満〟」の人には妥当な「戒告」程度の制裁をなす場合はあるでしょう。ここで取り扱うのは「問題社員〝未満〟」なのですから、戒告の手前で食い止めるだけの必要な管理監督、改善指導が上司や会社側にも不可欠です。

【参考】社員の義務違反に対する制裁（懲戒処分）

戒告	将来を戒めるものであるが、始末書はとらない
譴責	始末書をとり、非行違法行為の責任を確認し、将来を戒める
減給	一定期間、給与の一定割合を減額して支給する（ただし、一回につき平均給与の一日分の半額、総額においては一給与支払期の給与総額の十分の一を超えない範囲でこれを行うこと。） ※労働基準法は、各種懲戒処分のうち、「減給」についてのみ制限規定を設けている
昇給停止	一定期間昇給を停止する
出勤停止	労働者の就労を一定期間禁止し、その期間賃金を支給しない自宅謹慎や懲戒休職もこれにあたる
降格	職能資格制度上の資格や職務等級制度上の等級を低下させる
降職	職位や役職を引き下げる

諭旨退職	即時退職を求めて退職届の提出を勧告し、労働者がこれに応じて退職する
諭旨解雇	即時退職を求めて退職届の提出を勧告したが、労働者がこれに応じなかったために解雇処分とする
懲戒解雇	退職勧告を経ずに、即時になされる解雇処分

「問題社員〝未満〟」以上の問題社員に対しても、その可能性を信じて地道に継続的に育成していただきたいと願います。しかし、ここでご紹介しているように、仕事は「契約」です。「権利と義務」の発生です。どうしても、「義務」を果たす前に、「権利」を主張し続けられるようなことが続く場合には、使用者側と労働者側がお互いに行き場を失い、共倒れする事態になることを回避するために、問題社員に退陣いただく選択肢の存在も触れておきます。

懲戒処分により退陣いただくためには（いきなり解雇に及ばずとも、まずは退職勧奨を行うなどの対応も検討のこと）、その根拠となるものが必要となります（労働契約法十五条）。法律違反をしていなかったら罰せられることがないのと同様で、就業規則に懲戒処分についての規定がないと会社は懲戒処分ができません。就業規則に定めのない懲戒処分は無効ですし、就業規則に定めていない事由による懲戒処分も無効です。結婚の際に離婚を想定するカップルはあまりないでしょうが、人事部門は通常、採用（労働契約締結）の時点で契約の終了の事由やトラブル、リスクを想定して就業規則を策定しています。有価証券報告書には「リスク」欄があるのと同じです。投資家は投資先企業の成長チャンスのみならず、想定リスクをよく見極めています。

終わりよければすべてよし、ではありませんが、始まり方より終わり方にこそ、その会社の体質や本質が見え隠れするものです。**人の上司になる時点で、やはり就業規則には必ず目を通しておいてください。**

☑記録（証拠）がなければ、どうしようもない

なお、会社として懲戒処分を行うときは、会社が一方的に処分を決定するのではなく、本人に弁明の機会を与えることも必要です。何か事情があったかもしれませんし、思い違いかもしれません。処分を決定する前に、会社はその証拠となるものを明らかにして、本人に事実確認を行うことになりますから、上司は、問題社員の問題になる言動か事実があった都度、それを記録にとっておいてください。

相談をいただく際、問題社員だという会社の認識は聞けても、いざ具体的に、いつ、どんなことがあったのかを確認してみると、具体的な説明ができず資料もないケースがあります。記録の方法としては、メモ書きでもいいですが、整理してデータ化し、関係資料も集めておくことが適切です。こうした「記録」は、部下育成目的のみならず、こういう場合でも活用できることになります。また**記録は本人の言動だけではなく、それによって周囲がどのような変化や対応を余儀なくされたかなど、職場環境全体の記録をとっておいてください。**

とはいえ、こっそり閻魔帳をつけてくださいというわけではありません。上司としての改善努力を十分に尽くした事実も不可欠です。問題行動を起こした（もしくは期待行動をとらない）問題社員にすぐに懲戒処分を下すのではなく、まずは「問題行動」を起こさないように指導、注意喚起をすることが大切です。問題言動に対して、何をいつまでにどこまで改善できなければ、就業規則上の懲戒規程に基づいて、どんな処分を検討することになるのか、事前によく本人とも話し合いの場をもってください。何をいつまでにどこまで改善するのか「約束する」考え方が重要です。適正な育成ステップを踏んでいれば、いざという時にもあわてなくてもいいことがおわかりいただけると思います。

人は弱い

私は以前、大学院アルムナイの授業で中国古典の大家、守屋淳先生のクラスに参加したことがあります。それは『論語』や『韓非子』、『孫氏の兵法』などを通じて、リーダーシップの哲学を学ぶというクラスでした。

『論語』と『韓非子』の比較の中で私はなるほどと思ったことがありました。クラスの中で、人はそもそも性善説なのか性悪説なのかという問いが与えられました。一般的に『論語』においては性善説を、『韓非子』では性悪説を唱えていると捉えられていますが、真にはそうではないのだと守屋先生はおっしゃいました。性悪説は真には性弱説。人は生まれながらに悪なのではなくて弱いものだ。弱いから仲間がいないと生きていけない。弱いからルールがないと流される。人は弱いので、インセンティブの奴隷になる。それを生かして成果の上がるチームをつくろうとしたのが韓非子なのであると。

また、決して韓非子は厳しい人だったとは一概に言えない。徳治を唱えた孔子は、春秋時代の末期に活躍しています。孔子の時代だからこそ、この戦乱はまだ昔の状態に戻せると考えられた。しかし、そこから歴史を下ること約五百年。韓非子が活躍した時代は、さらに戦乱が進んで元に戻しようがない時代です。時代の前提条件がまったく違う。部下を信頼して相手を頭から信用してかかることは、君子が最もしてはいけないこと。法術を頼りにして人物を頼りにしない人が多数になり、スキルを頼りにする戦乱が進みすぎていつ部下から寝首をかかれるかわからない。その中でよい組織を作らなければならない。こういった時代背景の中で、『韓非子』が編まれたというわけです。

現代社会が「乱世の時代」というわけではないですが、ここまでにも申し上げたように、多様な価値観が職場に存在する時代です。孔子のように人の可能性を信じて人に向き合い続けることもよしとしながらも、自分が「問題社員〝未満〟」に時間と感情を必要以上に支配されないように、最低限の法的な備えと、適切なポジションパワーの発揮方法を一緒に考えていきましょう。

どちらが正しいというわけではなくて、大切なのはバランスです。人に対する尊厳と思いを持って人に向き合いつつも、職場全体の心理的安全の確保と秩序の維持のために、できる選択を考えていきましょう。

しかしそれにしても「人は弱い存在」であるというのは言い得て妙です。きっと私たちは遠くに行きたいから、みんなで手を携える。しかし大勢が集まると、そのさまざまな価値観の中で不具合も起こってしまう。どこまで行っても**人は弱くて切なくて難しくて、愛しくて、そして可能性を秘めた存在**にほかならなさそうです。

「放置」は、管理職の責任の放棄にほかならない

話を元に戻しましょう。「退場」の次にくる対応策は「放置」です。実際、現場ではこの選択をしている組織を時に大企業でよく拝見します。言い方は悪いですが、言わなくてもやってくれる二割、言えばやってくれる六割、言ってもやってくれない二割。この最後の二割に現場が振り回されていたりするのですが、放置する言い分は「わざわざ寝た子を起こす必要はない、揉める方がややこしい」「この二割を排除したところで、また新しい下層の二割が誕生するだけだ。必要悪として放置するのが賢明だ」といったところでしょうか。大企業だからできる選択かもしれませんが、中小零細企業ではたちまち経営へのダメージを与えかねないのが、この「放置」です。

確かにアリのコロニーには、ほとんど「働かないアリ」が二割ほど存在するそうです。そして「働かないアリ」が存在しないと、コロニーは長続きできない。一見、短期的には非効率に見える「働かないアリ」の存在が、組織の長期存続に大きな貢献をしている。近年、日本企業では短期的な効率重視に偏ったマネジメントが目立ちますが、虫の世界の「勝ち組」は、どうやら短期的効率一辺倒ではない……といった研究が生物学的にはあるようです。だからと言って実際、私たちが「問題社員〝未満〟」を放置し続けていいのかどうか。「職場にもある程度の働かない（約束を果たさない）人がいるのは致し方ない。こういう社員こそが

緊急事態の際にとんでもない活躍をするものだ」などということを耳にしたことがあるのですが、それは真実でしょうか。

COVID-19の蔓延といった緊急非常事態下で、誰がどのように顧客や組織、仲間を守ろうとしたか、自分を守ろうとしたのは誰だったのかを思い出していただければおわかりいただけると思います。

以前、弊社のメンバーが関わった仕事に、ある自治体の再雇用（再任用）審査委員会のメンバーを務めるというものがありました。六十歳時の再雇用の際、もちろん本人の継続の意向や心身の健康状態を前提にしながらも、その人が再雇用に値するかどうかを判断する審査委員会が、その自治体には設置されていました。自治体組織ですから、その給与が税金から捻出されるという点で、より客観的に外部の目線も入れながら判断するという委員会だったわけです。そしてその審査判断の根拠の一つに、直近三人の上司からの意見書が用いられていたそうです。当該自治体は三年に一回程度の人事異動がありましたから、具体的には直近十年間に関わった上司からの意見書を参考にするというわけです。直近の上司一人だけの判断だけでは相性もあるし、私情が挟まれたりしてはならないということだったのでしょう。

そして、Sさんという男性本人は雇用継続を希望したものの、直近三人の上司は全員が「ノー（再雇用に値せず）」という意見書を出したそうです。三人ともノーなら雇用継続はやはりノーです。委員会ではその通告もするので本人にその旨を伝えたら、Sさんは「納得できない」とおっしゃいました。なぜ納得できないのかと本人に理由を尋ねたら、Sさんはおっしゃったそうです。「少なくとも直近三人の上司の下で働いていた時に、私の年間の評価はBであった（SABCDという五段階評価のB）。確かにAではないので優れているとは言わないが、Cではない。標準だったと思う。だから納得できない」。もっともな言い分です。ではなぜ、直近三人の上司は標準のB評価を付けたSさんに対して「雇用継続はノー」と言う判断を下したのか。後からヒアリングすると、Sさんはいわゆる「問題社員〝未満〟」だったようです。ちょっと面倒くさい。人事評価でC評価をつけたら「なんでですか」と理由を詰められるに違いない。普段の仕事がしにくくなることも十分に想定できる。楯突かれた時に説明するのもめんどくさい。三年に一度は人事異動があるのだから、少なくとも三年耐えれば相手か自分かが異動する。だから自分の部下でいる間は、できるだけ穏便に波風立てずにいてもらおう。上司たちにそんな防衛反応が働いていたというのです。

そうはいっても最終的に再雇用には至らなかったそうで、Sさんは委員のメンバーの前で男泣きに泣かれたそうです。「悔しいぃっ！」と。そりゃ悔しいと思います。はじめて会った委員会のメンバーたちに「あなたは仕えてきた上司たちから認められなかったので、雇用継続に該当しません」と突然突きつけられるわけです。こんなに悔しいことはないと思います。これが職場で上司から改善要求が与えられたり指摘をされたのであれば、悔しいと思いながらも挽回するチャンスも時間も場もあったでしょう。私は、この話を聞いて、上司たちが、Sさんを放置してしまったなれの果てだと感じました。

私は「放置」は決してお勧めしません。**働かないアリだけどいつかきっと役に立つ日がくるのではないかなどというのは、現場では都合のいい妄想であり、思考の放棄**です。その「いつか」は一体、いつやってくるのでしょう。必要に応じて指摘や指導を行い、改善を促していく。上司には、その部下の時間を無駄遣いさせない、可能性をつぶさないという責任があるのだと思っています。

あくまで本書では、「放置」「解雇」以外の選択肢で書き進めていくことにします。

2 「問題社員〝未満〟」を昇格させない

等級制度に「標準年齢モデル」を作っていませんか

人事担当者の範疇になるかもしれませんが、労務管理ルールや就業規則の適切な運用に加え、人事システムの適切な運用についてもここで言及しておきます。

「問題社員〝未満〟」問題は、上司と当事者間の問題で済まないことはここに至るまでもお伝えしてきました。つまり、職場のメンバーのやる気を削ぐという恐ろしさです。「問題社員〝未満〟」の問題の現れ方の一つが、職場の若手が「私より給与をもらっているあのトラブルメーカーに納得がいかない」「あんな人が管理職をやっていることが我慢ならない」「いい年齢をしている人なのにどうかと思う。こんな会社に未来はない」とやる気をなくして辞めてしまうことであったりする場合。最悪なのは、「問題社員〝未満〟」が〝そこそこ〟のポジションについていたり、肩書のある職についてしまっていたりする場合です。

あなたの組織において、一般社員と管理職の違いとは何ですか。もしくはその違いをどのように確認して、一般社員から管理職に登用をされていますか。実はこうした人事の仕組みが、「問題社員〝未満〟」を生み出してしまう背景の一つになっていることも否めません。

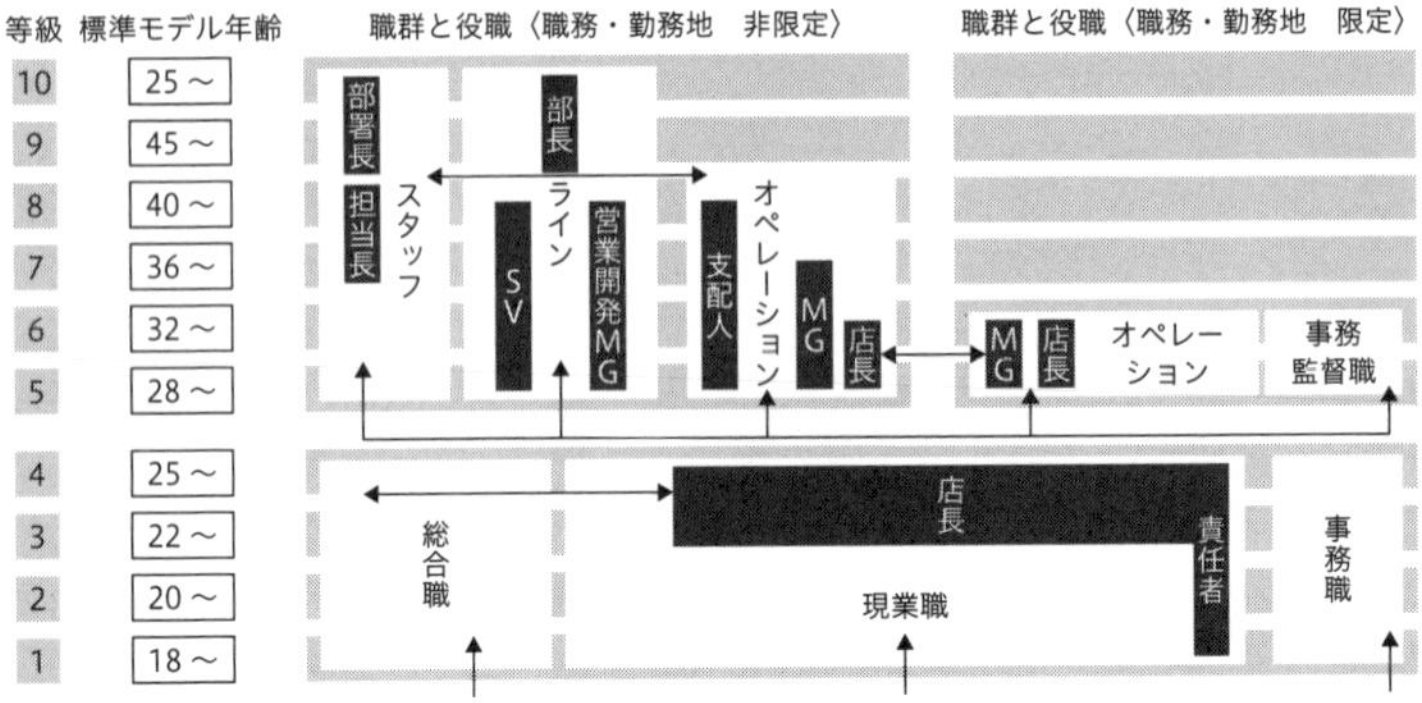

要は「問題社員〝未満〟」が着実に（!?）昇格昇進をしてしまっているのです。

上の図は、昭和の典型的な人事等級制度の事例です。どこが昭和かといえば、「標準年齢モデル」があるあたり。そもそも日本の等級制度は、職能等級制度が今でも根強く使われています。もちろんシステムに正解はありませんし、どんな制度でもプロスコンスはあります。重要なのは、自社の文化や経営戦略との整合性です。

学校教育における学年制度との類似点

日本の等級制度は、どこか学校教育における学年制度に似ているように感じます。例えば、小学校六年生の勉強がよくわかっていなくても、出席日数が足りていれば中学校に進学できます。欧州ではいくら小学校六年生の出席日数が足りていても六年生に相当する勉強が理解できていなければ留年になりますし、逆に出席日数が足りていなくても、大学クラスの勉強が理解できている子供は飛び級することもあります（制度上、日本にも飛び級制度はありますが、運用はほぼありません、念のため）。日本では出席日数がとても重要視されます。

同様に日本では、社会人になっても在級年数（年功）が重要視されます。もちろん、多大な成果を一つ上げたからといってそれだけで昇格昇進させてみたら一発屋で終わったということにならないように、ある程度の期間、成果を安定的に上げ続けられる人かどうかという検証は必要です。しかし成果も上がっていないのに、一定期間、その等級に在籍したからといって昇格させていたら、「問題社員〝未満〟」も「問題社員」も、気が付いたらある程度のところまで上り詰めていたなんてことになりかねません。

ましてや在級年数を根拠に昇格を決めていたら、上がることはあっても、下げられなくなります。例えば会社全体で十等級あるとしましょう。三等級に四年在籍したら四等級に昇格するという運用をしていた場合、四等級でメンタルに罹患し、仕事がままならない状況になったとしても、降格は実施しにくいでしょう。「三等級に三年在籍した」という事実で四等級になっているからです。こういう仕事ができたら三等級、このレベルまで仕事ができると四等級と等級ごとの役割や職責のレベル感の定義をベースに昇格を決定していれば、上げるだけでなく下がることもあり得ます。

ですから、人事制度として、昇格があるのであれば、降格もできるようにはしておくことをお勧めします。制度は一般的にあまりガチガチに決めると、運用しづらくなります。またこういうルールや基準で昇格しますよと明示すると、人間は逆算し始めます。昇格要件に合わせるがために受験勉強をし始めるような社員でいっぱいにしても仕方ありません。昇格要件については、まったくのブラックボックス化するのも考えものですが、ある程度大まかな考え方の明示で十分です。なぜなら、実際に昇格している人をみれば、それが納得性につながるからです。逆に言えば、どんなに仕組みを作りこんだところで、昇格している人たちが「なんだ、所詮イエスマンばかりじゃないか」なんてことになれば、仕組みに対する信頼をなくします。

一方、降格要件はしっかり仕組みとして作りこむこと、厳格に運用することをお勧めします。昇格は当事者にとってはポジティブなことなのでそれ自体がトラブルにはなりません（妥当性のない昇格は周囲のモチベーションを下げたり、職場のマネジメントの混乱をきたしたりしますが、当事者がそれを問題にすることはないでしょう）。しかし降格は、当事者にとってはプライドを損なうこともありますし、処遇が下がることにもなります。それだけに明確なルールや根拠が不可欠です。さらに降格運用の場合は、仕組みとして単なるルールを作ることに加えて、「審査委員会」のような検討機関を社内に作って、妥当性を審議するような場を持っておくと、ある程度個別事案にも対処できるでしょう。

専門職を管理職の「掃きだめ」にしない

万が一にも「管理職層」にしてはならなかった人（「問題社員〝未満〟」の管理職）が出現してしまった場合、降格制度は機能しますか？「この人を管理職層に昇格させよう」と意思決定したのは会社側なのですから、もちろん決めた側としての責任は問われます。しかし、例えば「問題社員〝未満〟」管理職だった、パワハラの事実が認められた、本人が介護などの理由降職を申し出てきたなどの諸事情で管理職層ではなく、専門職層にスライドするような事例を少なからず拝見します。制度に絶対はありませんが、この仕組みは決してお勧めできるものではありません。そんなことをしたら、専門職が管理職になり切れなかった方の「掃き溜め」になってしまいます。それはあまりにも専門職層の人たちに失礼です。専門職層は営業や技術部門の「匠」といわれる人が抜擢されるところです。逆に言えば、

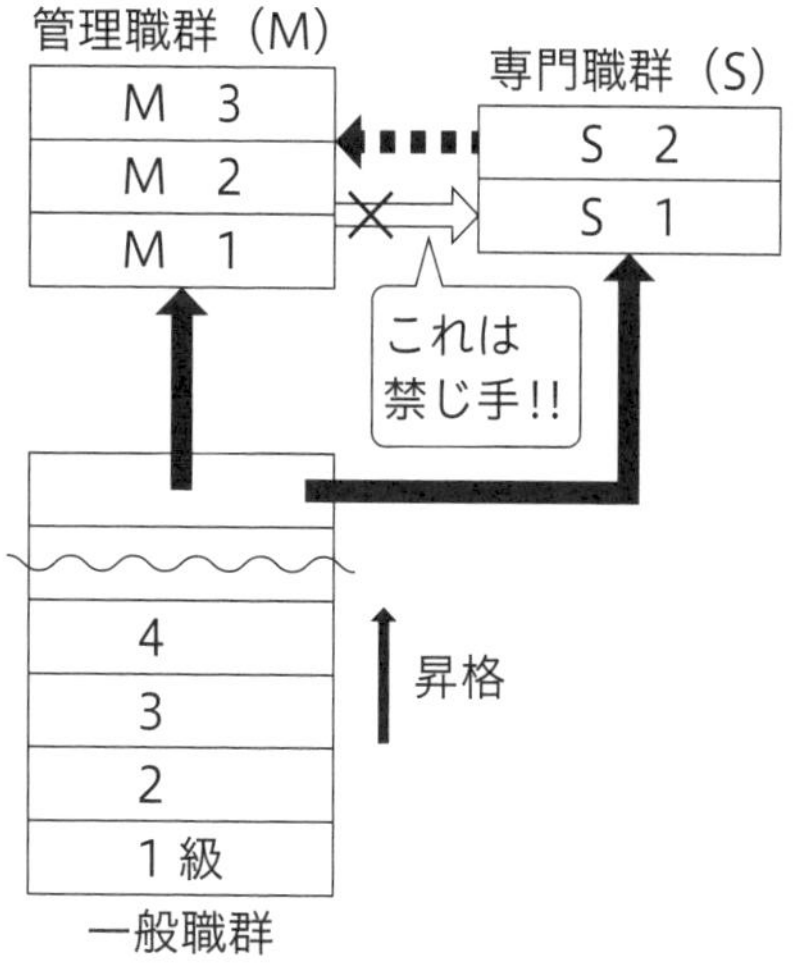

管理職層は「管理職」という専門職といえるかもしれません。安易に行き来できるものではない。もし管理職から専門職に異動するのであれば、いったん管理職を外した上で、専門職にふさわしいかどうかを審査なさってください。もしくは降格者が再チャレンジできるような支援や仕組みもあわせて考えてみてください。人生はリセットできないけれど、いつでもリスタートはできるものです。

3 そもそも人をどのように把握すればいいのか

多様性は一人の人間の中にこそ存在する

二〇〇九年頃、不要な物を減らし、生活に調和をもたらそうとする考え方「断捨離」が流行りました。中でもコンマリさんこと近藤麻理恵さんは、自身が提唱する「KonMari メソッド」に基づいた片付け術を紹介し、多くの人々から支持を集めました。彼女の著書「人生がときめく片づけの魔法」がベストセラーになったことでも知られています。その影響力は、日本だけでなく、世界中に広がっており、二〇一五年にはTIME誌の「世界で最も影響力のある100人」に選ばれたことでも知られており、著書は日本語だけでなく、英語や他の言語にも翻訳されており、多くの国々で読まれています。欧米ではkondoという単語が「片付ける」という意味の動詞として使われたほどです。

「モノ」を生み出すことで成長してきた日本。しかし今世界で最も有名な日本人の一人として「モノ」を断捨離する人の名前が挙がるわけですから、時代も変わったものだと思います。そんなコンマリさんはご自身の著作でこんなことを書かれていました。「私は捨てるモノを決めろと申し上げているのではないのです。何に囲まれて生きていたいのかを決めてくださいと申し上げているのです」と。なるほどと思いました。モノが捨てられない人は、ときめくモノを捨てなければいい。すなわち、ときめかないモノを捨てればいいという論調です。

ただし、これはモノの場合です。私たち人事が向き合っているのは、モノではなく人間です。採るべき人と採ってはならない人がいるわけではありません。良い管理職と悪い管理職がいるわけでもありません。良いマネジメントと悪いマネジメントがあるだけです。

前職で採用の責任者をしていた時、現場に叱られたことがあります。「何でこんなやつを採用したんだ」と。いいと思ったから採用したに決まっています。わざわざ「こんなやつ」と言われるような人を採用したりしません。ところが現場に配属させてみると、その「いいな」と思ったところを補って余りあるネガティブポイントが見つかっただけです。ほかにも例えば「この学生はいいなあ、このご時世に自分の意見を持っていて、それをしっかり表出できる、とても良い学生だな」と思って採用したところが、現場に入ってストレス下に置かれて、しかしその中にあって自分の意見を持ってそれを表現できるわけですから、上司や組織を罵倒して終わるのではないでしょうか。「いい人と悪い人」がいるわけではないのです。一人の人間の中にいい状態、悪い状態を抱えている。これがモノとは違う人の難しさです。

実は**「多様性」などというのは、一人の人間の中にこそ存在する**ものです。

最近は、採用の現場でもこうした観点での対応が見られるようになってきました。

【事例】A社の求める人材＆求めない人材

【求める】
□信頼性（約束を守る、時間に遅れない、嘘をつかない、隠さない、倫理観）
□責任感、明るさ、意欲、行動力、自立心、粘り強さ
□良い習慣（挨拶、笑顔、返事、御礼、掃除、靴をそろえる）
□常に自分を磨く努力をする人
□問題意識、興味関心がある、工夫する、観察力がある
□**自分の頭で考える**
□自信、意欲がある
□愛の心がある（思いやり、やさしさ、感謝の心、感動する心）

【求めない】
■話に一貫性がなく、その場しのぎ。場合によってはつくり話。
■**口先だけで行動が伴わない人、評論家タイプ。ただし、一見優秀に見えがち。**
■基本的なコミュニケーション能力に欠ける人
■ネガティブ思考、他責性の強い人

例えばA社では、「自分の頭で考える人」を求める要素として挙げていますが、「ネガティ

ブに分析するだけであったり、単なる独りよがりだったり、口先だけで行動が伴わないいわゆる評論家タイプ」はお断りだとしています。求めない要素を明確にすることで、求める要素だけに引っ張られないようにしていることがわかります。他社の事例でも同様です。求める要素とともに、求めたくない要素もセットで現場の面接官にわかるように表現しています。

求める人物像の設定だけでは、求めない要素が入っていても面接時にとりこぼす可能性があります。まず行っていただきたいのは、求める要素だけでなく、求めない要素も明確にすることです。例えば、自社のお客様に合わない人を採用してはならないはずです。では、自社のお客様に合わない人材とはどんな要素を持った方なのか。それを考えるところから、採用活動はスタートするはずです。採用は、「自社の人材に対する価値観」を考える機会ともいえるでしょう。

そもそも多様性の時代です。私たちは決して「金太郎飴」社員が欲しいわけではありません。十人いたらそれぞれのよさがあります。しかし、組織として「こういう人は求めない」「問題社員としてトラブルになりがちなのは、弊社ではこんなタイプ」として、「求める」と「求めない」の間に一線を引いておくというのも考え方のひとつです。

【参考】性格も二律背反

悪く言うと	良く言うと	対立軸	良く言うと	悪く言うと
理屈っぽい	理路整然	論理↔感情	情緒的	興奮しやすい
慎重	緻密	緻密↔スピード	迅速	軽率
理屈っぽい	深みがある	思考的↔行動的	活動的	考えていない
硬直的	用意周到	計画↔柔軟	臨機応変	優柔不断
冷徹	道求的	厳しい↔優しい	温情的	おせっかい

小さな子供はこれ（一人の人間の中にある多様性）が理解できません。ですから「アンパンマンとバイキンマン」から、人を理解し始めます。正義の味方と悪の権化の対比です。しかし小学校に上がるくらいになってくると、これでは物足りなくなってきます。そうすると「ドラえもん」に移行して行くわけです。例えばドラえもんに出てくるジャイアンはガキ大将です。特にテレビで登場するジャイアンは「俺のものは俺のもの、お前のものの俺のも

の」と言って、結構わがままな振る舞いをします。しかし映画に出てくるジャイアンはとんでもなくイイ奴なのです。仲間がピンチに陥りそうになると、自分の命を張ってでも仲間を守ろうとします。きっとジャイアンは平穏無事な日常時には自分勝手に振る舞いますが、いざとなったら本当に頼りになる真のリーダーなのかもしれません。

私たちは立派なオトナです。あの人は問題社員だから排除しよう。この人は問題社員ではないから受け入れようなどと短絡的に取捨選択、断捨離できるものではありません。もしかしたら誰しもに「問題社員〝未満〟」の部分が多少なりともあるのかもしれません。

仕事では、人の何が評価されているのか

組織は人の何を評価しているのでしょうか。こんな事例で考えてみましょう。

【事例】あなたはディーラーの営業所長です。フルタイムの八時間勤務だと十台／月、売る目標を立てられる部下が、育児や介護を理由とした時短勤務で六時間勤務をすることになりました。よって時短勤務中は、八台／月を販売する目標を設定したとしましょう。部下は今月、実際八台／月を売ることができました。さあ、この部下を、あなたはどう評価しますか？

【参考】評価の考え方

フルタイムだと 10 台／半年、売る目標を立てられる人材が…

時短だから、8 台／半年の目標設定にしたら…

実際、8 台／半年売ってきた

選択肢①→本来なら十台売れる力をあるところを時短が理由とはいえ八台しか売れていないから八十点
選択肢②→八台の目標に対して八台の成果だから百点

もし①だとしたら、本人は「八台売れと言われたからその通りに売ったのに、納得できない」というかもしれません。②を採用すれば、十台の目標に対して十台の成果を上げている同僚が「時短している人と同じ百点なのは、納得できない」と言うことでしょう。

こう考えてみましょう。フルタイムだと十台売れるにも関わらず、会社にとっては八台という貢献しかできていないのですから、彼もしくは彼女の「成果」は八十点です。反面、この部下が時短の中で八台という目標に対して、八台を売り切るために行った努力や意欲、能力の発揮に対しては百点です。もしくは百二十点だと言いたくなるような態度・姿勢だったかもしれません。このように、インとアウトを分解して観ることで、より納得のある評価

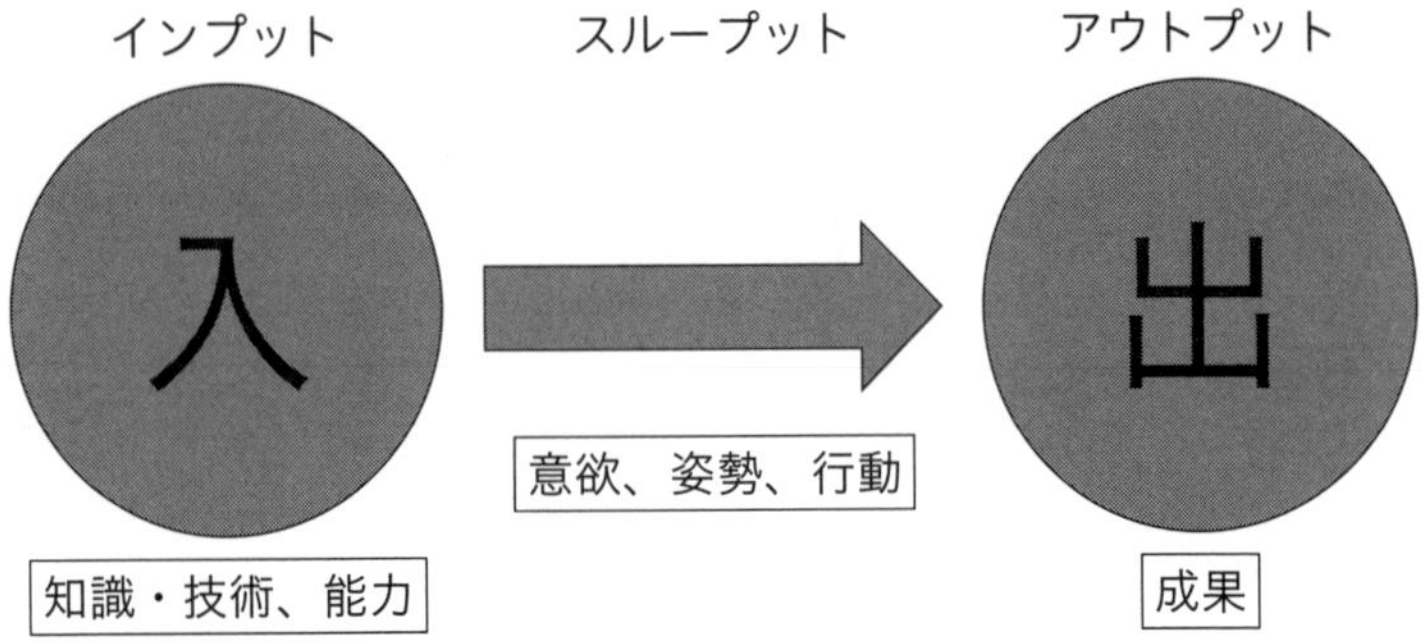

が可能になります。

インプットとスループットによって、アウトプットがあります。仕事の成果だけで部下を見るのではなく、能力や意欲という切り口から、上司は部下を育成し、成長や成果創出を支援します。いずれにせよ、人を見る時はこのようにやはり「分けて」見ることが不可欠です。

ただし誤解なきよう。この人をどのように評価するかは最終的に、その会社の人事システムに依存します。弊社の取引先の外資系H社ではこのような場合、時短勤務中も十台／月の目標設定のままにするかもしれません。ということはその部下は、確実に生産性を上げねばなりません。どうすれば生産性が上がるか。一つには能力やスキルが高まれば生産性は上がります。今年入社した新入社員と入社二十年目社員とでは、同じ仕事を提供しても、仕事の質や量が異なります。ですからこの部下は、とても努力してプレゼンテーションスキルを磨き、お客様に端的でわかりやすい説明ができるように努力します。もしくはこれまでは五枚の資料を使ってお客様に説明していたものを、「TIKTOK動画などを用いて短時間でしかも楽しく理解できるアプローチをとることができ、結果的に時短勤務の中で十台の販売を達成できたのであれば、一円も給与をカットしないというわけです。むしろ「彼・彼女は、これほど生産性を上げられるスキルや職能を獲得したのだから、一つ上に昇格させてもいいのではないかという議論すら巻き起こります。

しかし日本の多くの会社では、この時短勤務の部下にはいったん百点を付けておいて（八台売る目標に対して八台売った）、給与を支払う際に二時間分カットするというのが、よくある仕組みでしょう。成果だけではなく、「そこにいたかどうか」を掛算するわけです。

どちらが正しいというものではありません。それが会社ごとの制度や仕組みの違いです（ただ、「問題社員〝未満〟」を考えていくのであれば、インプットやアウトプットだけでなく、スループットも重要視することをお勧めはします）。

実は両者の「相性」が悪いだけという場合もある

もう一つ、人を見る際の難度があります。それは「相性」。気が合う人がいる反面、気が合わない人もいます。相性が悪い人がいることも、「混ぜたら危険」という人間関係があることも否定はしません。ましてや、上司は部下を選べませんし、部下だって上司は選べません。仕事は知識・技術や能力・スキルで対応するものですが、実際のところは、性格やタイプで仕事をしていることも多々あることでしょう。そして、どうも「馬が合わない……」と思えてならない部下がいることもあるでしょう。

しかし、一概に「相性が悪い」といっても、その要因は一括りにはできません。例えば、

✓ささいな雑談が好きな上司　VS　あまり雑談が好きではない部下
✓能天気で、まあ何とかなると思っている上司　VS　石橋を叩いて渡りたい慎重な部下
✓自己開示が好きな上司　VS　あまり自己開示が得意ではない部下
✓変化が大好きな上司　VS　大きな変化が苦手な部下
✓チームワークで仕事を進めたい上司　VS　黙々と一人で仕事を進めたい部下
✓自分で判断しながら仕事を進めたい上司　VS　指示を受けて動きたい部下

などの組み合わせがそうでしょうか。もちろん、仕事は好き嫌いでするものではないし、部下を好き嫌いで見るものではないのですが、例えば、変化が苦手な部下に対して、上司は何か大きな変化を伴う仕事を依頼する場合には、きちんと変化の先にあるものや、その意味、その中における部下の役割分担や責任を明確にして仕事を依頼する必要があるでしょう。逆に、自分と同様に変化を受け入れられる部下に対しては「俺を信じてついてこい。これから新しいことが起こるぞ」と言ってやる方が、好奇心を掻き立ててやれるかもしれません。雑

談が大好きな部下に「少し会話を控えて」ということは言えますが、雑談が苦手だったり苦痛であったりする部下に「雑談しよう！」というのはかなり負荷のかかることを強いているかもしれません。

言い出したらきりがないですが、自分が好きなことでも、相手は苦痛を伴うこともあることを認識しておくことです。相性とは、たくさんの好き嫌いの組み合わせの結果です。「相性が悪い」と感じたら、「どこが違うのかな」と自分と部下との違いを、客観視してみてください。案外、「問題社員〝未満〟」と思っていたら、この好き嫌いの違い、相性の問題であったことも少なからずあります。

【参考】ＨＲパーソナル診断／コミュニケーション行動の基となる、その人本来の発想パターン（好き嫌い）を十二尺度で明らかにすることで、行動予測や人と人との相性がわかる、日本で唯一の相性適性採用診断。一般の心理テストはＥＱ「行動パターン」を測定しているのに対し、ＨＲパーソナル診断は「発想パターン」を測定しているのが特徴で、ＩＱ、ＥＱに続く第三の指数ＣＱ（コミュニケーション指数）といわれている。
※詳しくは、こちら。→http://dh-support.com/

採用時点ではつい即戦力を追求しがち

私は前職で採用の責任者を担当していた際、年間数万人のエントリーシートを拝見し、数千人の面接を担当していました。現在は取引先企業の経営者や従業員の方々と関わり、やはり年にのべ数千人の方々とお目にかかる役割を担っています。長年人事分野で仕事をしていると、どうやら人には「変わる要素」と「変わりにくい要素」がありそうだということに気がつきます。まさに前職では、「最初から優秀でなくとも、よき方向に変わる人を採用すればいい。普通の人を採用して、仕事ができる人に育てればいい。人はよき方向にも悪しき方向にも変わる。」という人事理念や人事の諸先輩方からの伝承がありました（普通というのが一番曖昧で、難しいのですけれどね）。

ではどういう人が「変化する（成長する）」のか、もしくは外部環境の変化に対応できるのか。それこそが、「はじめに」でご紹介した「ジョハリの窓」の考え方です。つまり、人の助言を受け入れる素直さや、そもそも助言してくれるだけの人をもっているかどうか（逆説的に言えば、他者に必要な助言ができるかどうか、助言を受け入れてもらえるだけの信頼できる行動が普段からとれているか）。そしてその助言を客観視し、自己の内面との対話を踏まえて合理的に取捨選択し、必要な行動変容をとれるかどうか。こうした素直さや勇気ですら、本人の志向性（変わりたいと思う気持ちと行動）さえあれば育成が可能であると私は信じてはいますが、この急速なスピードの時代にあって、各社の採用は「今、何ができるか」「今、どんなスキルや技術を持っているか」に傾倒しがちです。

コミュニケーション力のような「スキル、能力」などは後から何とでもなります。同様に、第一印象のよさや顧客に向き合う力、問題解決スキル、リスク対応スキル……、こういったものは入社してからの経験や学習を通じて身につけたらいいのかもしれません。逆にもっと変わりにくい要素を確認すべく、採用の時点で人と向き合えばいいのですが、即戦力を求め過ぎる私たちはつい、目先の能力に飛びついてしまいがちです。

せめて採用の時点で持っていてほしい要素、会社に入ってから組織として付与できるもの。この二つをしっかり区別しておいてください。ただし、それは組織に人を育てる力があるという前提であることも書き添えておきます。

リーダーは、先天性か後天性か

人材育成の現場で多用されている「違いを理解する」ツールの一つに、「エニアグラム」があります。これは元々、今から二千年前、スーフィー族というイスラム世界の部族の間で用いられていた、リーダー選抜の統計学に端を発します。巷にタイプ論は溢れていますが、中でもこれは人の「衝動」にスポットを当てた統計学。人の行為や行動の背景にある衝動は、人によって違うのではないか、環境や経験のみならず、それぞれが持って生まれた素地に依存するものもあるのではないか……そうした観点からのタイプ論です。

例えば、人に手を「差し伸べる」という行為一つとっても、正義の味方的な発想で、差し伸べるべきだから「差し伸べる」人もいれば、差し伸べた結果、感謝が欲しいのかも知れない人もいます。いや、欲しいものは評価かもしれないし、論理的に考えてここは差し伸べたほうが双方にとってメリットがあると思って「差し伸べる」人もいるでしょう。いやいや私が差し伸べたいから「差し伸べる」人、平和のために「差し伸べる」人。「差し伸べる」という同じ行動でも、その背景にある衝動はどうやら人によって違いそうです。

その仮説を検証するための統計学が、時代を超えて少しずつ形を変えて、数あるタイプ論の一つとなり、教育の現場で活用されています。「エニアグラム」では、人の行動の背景にある衝動によって、人を九つのタイプに分けています。私はその専門家ではないので詳細は専門書に譲るとして、私がここからお伝えしたいことは二つあります。

タイプ	特　徴
タイプ1 改革する人	**高潔で理想が高いタイプ** 倫理的で良心的。善悪の区別が強い。人に教える。改革に燃える。常に物事を改善することに励んでいて、間違いを犯すことを恐れている。 秩序的で、きちんとしていて、潔癖症である。高水準を維持しようとするが、完全主義に陥りかねない。抑圧した怒りと短気が問題になりやすい。
タイプ2 助ける人	**思いやりがあり、対人関係を重視するタイプ** 共感的で、誠実で、心が温かい。友好的で、寛容で、自己犠牲的。だが、感傷的で、お世辞を言い、へつらうこともある。他の人たちと密接な関係を持ちたがる。そして自分が必要とされたいがために、他の人たちのために何かをやってあげることが多い。自分自身をケアしたり、自分自身のニーズを認めることができにくい。
タイプ3 達成する人	**適応力があり、成功志向のタイプ** 自信があり、魅力的。野心的で、有能で、エネルギッシュ。ステイタス意識があり、強い向上心を持つ。自分のイメージや、人にどう思われるかを気にすることが多い。仕事中毒や競争心に陥りやすい。

タイプ4 個性的な人	**ロマンチックで、内省的なタイプ** 自分らしさがあり、繊細で打ち解けず、静か。自分をさらけ出し、感情を正直に表し、個人的に関わる。だが、気分にムラがあり、自意識が高い。自分が傷つきやすく、欠点を持っていると感じるため、他人から身を引くとともに、普通の生き方を軽蔑し、自分には関係ないと感じる。
タイプ5 調べる人	**鋭く、知的なタイプ** 油断なく、鋭い洞察力や好奇心に富む。集中力があり、複雑な考えや技能を発達させることができる。独立心と革新性があり、思考や、想像した構成概念に没頭することがある。クールだが、神経質。孤独で風変わり。虚無的になりやすい。
タイプ6 忠実な人	**責任をもって周囲にかかわる安全志向のタイプ** 頼りになり、よく働き、責任を果たす。だが防衛的で、直面を避け、きわめて不安にもなり得る。文句を言いながら、ストレスをエネルギー源として走り続ける。往々にして慎重で、優柔不断であるが、刺激に反応しやすく、挑戦的で、反抗的にもなり得る。自信喪失や疑いに陥りやすい。

タイプ7 熱中する人	**忙しく、生産的なタイプ** 多才で、楽観的で、自然体。遊び気があり、元気で実際的だが、活動範囲を広げすぎて傲慢になり、規律に欠ける。絶えず新しくエキサイティングな体験を求めているが、走り続けているために集中力を失い、消耗することもある。表面的で衝動的になりやすい。
タイプ8 挑戦する人	**パワフルで、幅をきかせるタイプ** 自信があり、強く、自己主張する。保護者的で、機知に富み、決断力があるが、尊大で傲慢にもなり得る。周囲の環境をコントロールしなければならないと感じる。往々にして対決し、威圧的になる。他人と親しくすることを自分に許しにくい。
タイプ9 平和をもたらす人	**のんびりしていて、控え目なタイプ** 受容的で、人を信頼し、安定している。人がよく、親切で、ゆったりと構え、支えとなる。だが、平和を守るために、人に合わせすぎることがある。すべてのものに葛藤があって欲しくないが、受動的で、心を悩ますことはできるだけ避けようとする傾向がある。受け身ながら頑固になりやすい。

一つには、どのタイプがいいとか悪いとかいうことではないということです。どのタイプにもよい状態と悪い状態がある。だからこそ、できるだけ自分のよい状態を大切に保つこと。もしくは**悪い状態に陥っている自分に気が付き、その状態から脱しようと思うことが重要**だということです。世の中にヒーロー役と悪役が別々にいるわけではなく、天使も悪魔も一人の人間の中に存在し、日々葛藤しながら一つひとつの行為行動を選択しているわけです。

ところでこの「悪い状態のとき」。それぞれのタイプでパターンは異なるのですが、どこか「自分を優先して、他が見えていない」という共通点があるような気がしませんか。もしくはこの「悪い状態」だけで生きていると、「問題社員〝未満〟」と言われかねないような気もしてきませんか。

【参考】エニアグラム各タイプの状態別特徴

タイプ	よい状態のとき	悪い状態のとき
タイプ1 改革する人	道徳的　信頼できる　建設的　賢い 理想主義的　公正　正直 きちんとしている　几帳面　自制的	善悪で判断しがち　頑固　独善的　強迫 神経症的　あら探しが好き　真面目すぎる 人に対して操作的　心配性　嫉妬深い
タイプ2 助ける人	情愛が深い　面倒見がよい　適応できる 直観力がある　心が広い　物事に集中する 人の気持ちに同調できる	殉教者的　遠まわし　人を操る 独占欲が強い　ヒステリック 人の言いなりになる　感情を表しすぎる 非理論的になる
タイプ3 達成する人	楽天的　自信家　勤勉　有能 自力でことを進める　精神力　実際的 現実的　向上心が旺盛　野心的	信頼できない　自己陶酔的　尊大 うぬぼれ　浅はか　意地が悪い 競争心に溺れる　自慢げ　鼻持ちならない
タイプ4 個性的な人	心温かい　思いやりがある　内省的 表現力が豊か　独創的　直感的 人を支えて励ます　洗練されている	意気消沈する　自意識過剰になる 罪悪感に駆り立てられる 道徳を振りかざす　引きこもる 片意地を張る　気まぐれ　嫉妬心

タイプ5 調べる人	分析的　粘り強い　鋭敏　賢明　客観的 洞察力が鋭い　物静か　自制心がある 思考が緻密	知的な面で傲慢　出し惜しみする　意固地 よそよそしい　あら探し好き　内気 消極的　傍観者的
タイプ6 忠実な人	忠実　人好きがする　心温かい　情け深い 機知に富む　実際的　人の助けになる 責任を取る　親身に面倒を見る	極度に用心深い　人に対して操作的 何をしでかすかわからない 善悪で判断しがち　被害妄想的 自己防衛的　怒りっぽい
タイプ7 熱中する人	楽しいことが好き　自主性がある 想像力に富む　建設的　物事に集中 素早い　自信たっぷり　魅力的 好奇心が強い	自己陶酔的　衝動的　焦点が定まらない 反抗的　自制心を欠く　独占したがる 自己破壊的　落ち着きがない
タイプ8 挑戦する人	単刀直入　権威がある　誠実　精力的 気取らない　人をかばう　自信がある 親分肌　頼りになる	人に対して操作的　反抗的　鈍感　傲慢 自己中心的　懐疑的　押しが強い　支配的
タイプ9 平和をもたらす人	愛想がよい　おとなしい　心が広い 辛抱強い　受容性に富む　如才ない 偏見がない　人の気持ちになれる	現実に対処できない　無頓着　片意地 強迫観念的　無愛想　受動攻撃的 善悪で判断しがち　弱気　怠惰

そしてもう一つは、この「エニアグラム」は、リーダー選抜を目的としたものだった、ということの、その答えです。九つあるタイプのうち、どのタイプの人がリーダーとして選ばれていたと思いますか。

私がその道の専門家から聞いた答えはこうです。「九つあるタイプの要素のすべてがバランスよく高い人。持って生まれたものは何でもいい。ただその人生を通じてたくさんの人に出会い、つまりたくさんの価値観に出会い、その価値観と葛藤し、悩み苦しみ、そして受け入れ、結果、自分自身がその時必要な行動を、その状況に応じて選択できるようになった人生の賢者。そんな人がリーダーとして選ばれたのであろう」と。

それを聞いて私は、救われたような気がしました。ここで「リーダーとして選ばれたのは、このタイプですよ」なんて答えがあったとしたら、「リーダーたる人は、生まれる前から決まっているということなのか、努力しても報われないものということか」……とがっかりしたことでしょう。管理職によっては「タイプ論」に振り回されて、「私はこういうタイプで、部下はこういうタイプだから、部下にはこういうアプローチをすればいい」などという、ワンパターンなものの見方をされる人もいますが、人間はそんなに単純なものではありません。その状況や自分自身を客観視し、その時の自分の内面と対峙し、結果その時必要だと思える言動が選択できればいい。百人いれば百タイプが存在します。この「エニアグラム」

とて、所詮は人の衝動というところにのみスポットライトを当てたツールです。人の多面性を一つのツールだけで表現することができるはずはありません。

ただ、リーダーは後天性である。**リーダーとは、部下と自分との違いを呑みこみ、その時々に組織にとって必要な結果を導き出すために、都度自らの言動を選択する力を持てる人物であると、**先人は教えてくれているように思われてなりません。

逆に言えば、「問題社員〝未満〟」は都度の選択をすべてミスチョイスしてしまっている、いや、その選択がミスチョイスであることにすら気が付いていないのかもしれません。

不必要な人は誰一人いない

次の章から具体的な対応策に入りますが、その前に一つだけ書き添えておきます。それは、あなたの人生において「問題社員〝未満〟」も含めて、不必要な人は誰一人いないということです。

ここでは「五行」の考え方を使って確認してみましょう。五行思想は、古代中国に端を発する自然哲学の思想の一つです。万物は、火、水、木、金、土の五種類の元素からなるという説。サイトなどで「五行、誕生日」と打っていただくと、ご自身の生年月日から自分の五行属性を調べるサイトを見つけることができるでしょう。

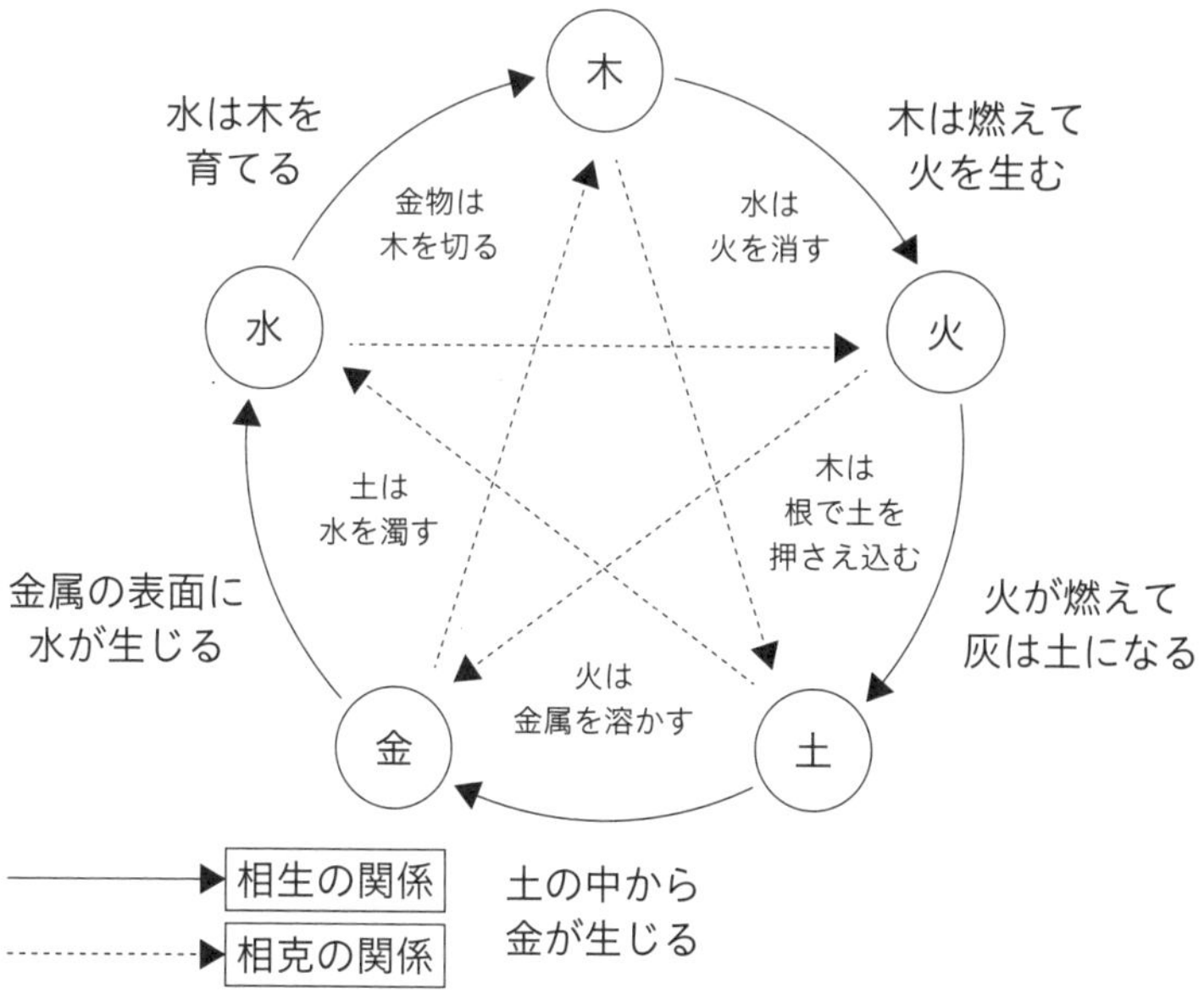

例えば私の属性は「木」です。木に水は不可欠ですから、とても相性のいい必要な存在ということになります。逆に火は木を燃やすことで生まれますから、火にとって木は不可欠な存在。一方、金は木を切り倒します。ですから、木である私にとっては少し相性が悪い存在かもしれません。では自分にとって不必要だから存在しなくていいのかというわけでもない。私が欲する水は金の表面に水滴として気体から液体に変化して生じます。直接自分には不必要かもしれないけれども、あなたが必要とする人が、その自分が苦手だと思う人を欲している可能性があります。私が金を否定すると水が存在できなくなる。結果、私も困ってしまう。

こういった考え方は哲学ですから、受け入れるも受け入れないもその人次第だと思います。しかし、この「五行」は、人の在り方、万物の存在の在り方をとてもわかりやすく表現しているものだと感じます。つまり**「問題社員〝未満〟」を排除するのではなく、必要な対処をする**ためという観点でさらに話を進めていきます。

4 いわゆる標準的なアプローチ

行動と人格を分ける

次の文章を読んで、あなたがこの「松下太郎さん」の上司なら、どのようにアプローチしますか？　考えてみてください。

新入社員「松下太郎さん」が営業部門に配属されて二か月が経った。私は彼の「メンター」だが、少しずつ互いの人間関係も築けてきた気がする。上司のアドバイスもあり、私は「メンター日記」なるものを付けている。彼の気が付いた点を月に一度のワン・オン・ワンでフィードバックするためだ。

松下さんは明るいキャラクターで、はきはきと話をする。お客様からの評判もよさそう。何かわからないことがあれば自分から聞いてきてくれるので、安心もしている。

しかし、松下さんには改善の余地もある。彼には少しルーズなところがある。下記は私の「メンター日記」からの抜粋だ。

六月二日（月）

・始業時間ギリギリに出社してきた。昼休みが過ぎてから、一～二分経過してから職場に戻ってきた。時間にルーズ。

・週報の提出期限は毎週金曜の十七時が期限なのだが、今朝提出。

六月三日（火）

・整理整頓が苦手。パソコンのトップ画面にはたくさんのドキュメントが整理されずに並んでいる。机の上にも書類の山ができていて、たまに〝なだれ〟を起こしている。職場内の回覧板がよく彼のところで止まっている。最近、机の下にダンボール箱を置いて、その中にも書類を入れ始めたようだ。積まれた段ボール箱が通路にまではみ出している。彼の上司が何度か整理整頓するようにと指導していたが、改善はみられていない。

六月四日（水）

・朝一〜二分遅刻。

・一緒に同行した得意先で、「君のところの新人は、いまどきめずらしく元気がいいね。気持ちがいいよい採用をされたね」とおっしゃっていただいた。とにかく第一印象は抜群。

六月五日（木）

・昨日、景品の試作品の関係でお世話になっている業者先に彼を単独で訪問させた際、約束時間に十五分遅れたらしい。別件で先方とやり取りしている際に発覚。先方も「ある意味、大物かもしれないよ」と笑って済ませてくれたが、これが大口取引顧客だったとしたら大問題になる。

六月六日（金）

・今週の週報がまだ出ていない。先週も翌月曜の提出だった。

＊六月第一週の総括

↓来週の金曜日に、今月のワン・オン・ワンの約束をしているので、彼の元気なところはほめて、彼のルーズさについては指摘しようと思う。

さて、あなたなら松下さんにどのようなアプローチを試みますか？

これを現場の先輩や管理職に問うと、よくある回答は下記のようなものになります。

・まずいいところはほめよう。その上で指導するといい（いやいや、最初に必要な指導をして、最後にほめたほうが後味がいいのではないか……という意見も、このタイミングでのあるあるの一つ）。
・せっかくいいところがあるのだから、損をしないように伝える。もったいない。
・もしかしたら何か悩みを抱えているのかもしれない。何か困ったことがないか聞いてみたい。
・時間にルーズな傾向が見られるので、仕事において時間や期限を守ることの重要性を教える。
・労災になってはいけないので、荷物については早急に片付けるように、具体的な期日を決めて指示する必要がある。

どれもアプローチの一つだと思います。正解・不正解があるわけではありません。

まずここで最初に確認しておきたいことは、人の指導に「絶対」はないということです。

今から二千五百年以上前に編まれた『論語』の中にもこんなエピソードが出てきます。

孔子先生のところに弟子Aが相談に行きました。「聞いたことはすぐに実行したほうがいいでしょうか？　すると孔子は答えました。「聞いたらすぐに実行しなさい」と。別の弟子Bも孔子に相談に行きました。「聞いたことはすぐに実行したほうがいいでしょうか？」。すると孔子は答えました。「あなたの父親やお兄さんに聞いてみるといい。すぐに行う必要はない」。これを聞いていたもう一人の弟子Cは、孔子先生が同じ質問に対してなぜ違う答えをするのかと不思議に思い、理由を尋ねます。すると孔子は答えました。「それは二人の性格が違うからだ。Aの性格は消極的だ。だからすぐに行えと言った。一方、Bはとても積極的だ。石橋を叩きもしないで走ってわたって駆け抜ける。だからそれを抑える必要がある」。

人の育成に絶対的な回答があるわけではなく、十人十色。その個性に合わせた指導が必要であると、二千五百年も前の先人が教えてくれているわけです。ですから絶対的な正解が語れるわけではないのですが、そう言ってしまうと本書が成立しなくなるので、教育学的な見地からのアプローチを一つご紹介しましょう。

例えばこの上司が思案しているように、どうやら松下さんには「よきところ」と「改善の余地を残すところ」がありそうです。そもそもその点は分けて指導したほうがよいでしょう。もちろん、今回のようにワン・オン・ワンで語るときにはまとめて話す必要がありますが、基本的に育成はその都度、その現場で「即時」アプローチする必要があります。

例えば、得意先で松下さんのことをほめてもらった時には「次回のワン・オン・ワンで伝えよう」などと溜めておくのではなく、直後に松下さんに会う機会があったときに「こういうお声をいただいたよ」とフィードバックをしてください。万が一、直行直帰によるすれ違いやリモートワーク等で直接会えない時には、メールや付箋で知らせることもできます。できるだけ情報は熱いうちにシェアしましょう。

太郎さんには確かに複数の改善のポイントがありそうですが、まとめてあれもこれも指導したところで、あれもこれも言われたことしか頭に残りません。ここは「分けて」指導してください。**「わかる」の語源は「分ける」**です。分けることでわかっていきます。

例えば、関与先のところに十五分も遅れたにもかかわらず、先様に一本の連絡もなければ、こちらに報連相もない。ここは重要視したい。まずこの点を指導しようというのであれば、「先様からあなたが十五分遅れて遅刻したと聞いたんだけど、それは事実なのかな？」と、できるだけ早めに確認をとってあげてください。決めつけないで事実確認が必要です。その上で何か理由があったのか、言い訳もさせてあげてください。きっと言い分があることでしょう。その上で「今回みたいにどうしようもない時は、一本先様に少し遅れそうだと連絡をすれば、先様は別のことをして、あなたを待つことができる。もしくは、このように遅刻したということを私に教えてくれていれば、うちの新人が迷惑かけましたと一緒になってお詫びができる。自分だけで抱えなくていい。だから今後困ったことがあったら、この二つを覚えておいてほしい。一つは関係者に連絡をすること。そして次には、特にトラブル時ほど上司の私に情報共有化するということ。この二ポイントを約束してくれないか？」と。太郎さんが「わかりました。すみませんでした」と言ってくれたら、この話はいったんそこで終わってください。育成には忍耐が必要です。「そもそもいつも遅れてきているよね。そういえば週報も遅れがちだしさ。あの机もどうかと思うよ。君はルーズだね」なんて言いたくなってしまうかもしれません。しかしルーズさを叱ったところで、次の日からそのルーズさは治りません。ましてや新人なわけですから、一か月に一つでも行動が改まれば、一年間で十二の行動が改善できることになります。あれもこれも指導するのではなく、例えば「今月は〝報連相〟月間」！」と決めたら、徹底して〝報連相〟を指導していくほうがよさそうです。

整理整頓が苦手なことについても、「いついつまでに片付けておいて」という期限提示だけでは、ここに至るまで既に指導をされているわけですから、おそらくまた同じ指導をする羽目になるだけです。問題解決行動の定石は、まず「原因（真因）の特定」です。しかし人間に関する問題解決は原因がわかりかねることも多々あります。こういう場合は「何で片づけられないのか」ではなくて、「どうすれば片づけられるのか」という対処に走ったほうがよさそうです。

もし私が太郎さんの上司で本当に片づける必要があるのであれば、たとえ何時間かかってでも、一緒に机の上の書類を全撤去するでしょう。「これは捨てていいよ。これはあそこのキャビネットにこのタイミングで閉じておこう。これはシュレッダー。これはあの人のところに持って行って」とたとえ何時間かかってでも、一緒に机の上に「サラチ」を作り出します。その後は、一つひとつ書類が積み上がる度に「この書類はどうするんだっけ」と、おそらく三週間くらい一緒に取り組む。三週間もすればようやく習慣化が始まります。これぐらい愚直にやらなければ改善はしないかもしれません。実際、何人かの人たちをこのように指導してきました。

いずれにしろ、ここでは「分ける」ということを覚えておいてください。繰り返しになりますが、「分ける」ことは「わかる」ことです。

以前、宮崎県で東国原英夫さんが知事をなさっていた時、就任して最初の一か月はテレビ等メディアで県の名産品「マンゴー」の話をよくされていました。そしてマンゴーの認知が定着した頃、次は「地鶏」の話をよくされていました。「宮崎には地鶏もマンゴーもあれもこれもあるよ」……では人の記憶に定着しないことがわかっていらしたのでしょう。この方は「人の記憶に残す」ということを意識されているのだなあと思いながら拝見していました。「分ける」ことは「わかる」ことです。

個性は二律背反

ここでもう一つ、ワークをしていただきましょう。

1	2	3

ここに1、2、3の数字が書かれた枠が三つあります。上側の枠に自分の思う自分の短所を三つ書き出してみてください。例えば私であれば、「せっかち」「飽き性」「大ざっぱ」と入れると思います。それができたら、自分の短所をできるだけ一つひとつ、下側の枠にできるだけポジティブに変換して書き直してみてください。例えば確かに私は「せっかち」ですが、「行動力がある」ともいえます。ものは言い様です。「飽き性」ですが、半面「好奇心旺盛」かもしれません。「大ざっぱ」ではありますが、あまり部下のことをマイクロマネジメン

トするタイプではないので「おおらか」と言えるかもしれません。

1	せっかち	→ 行動力がある
2	飽き性	→ 好奇心が旺盛
3	おおざっぱ	→ おおらか

そして変換し直したポジティブな言葉を眺めてみてください。いかがですか？　ちょっと嬉しくなる気もしますし、案外外れてもいませんよね。

そうです。だから松下太郎さんの「ルーズさ」を叱ったところで仕方がないということです。ルーズさは時として「おおらかさ」かもしれません。ただ、ルーズなところからくるかもしれない「一～二分遅れてくる」という行動は改めてもらってください。「定刻に来てください」です。私たちは指導によって人の個性を変えようとしているわけではありません。ただし、仕事に必要な行動はとってもらう必要があります。仕事に不必要な行動はあらためていただく必要があります。**個性と行動は「分けて」考えてください。**

非常にセンシティブな時代です。ここで松下太郎さんに「ルーズさ」を繰り返し指導しているようでは、パワハラになりかねません。

「明るい人求む」は人権問題？

実際に弊社であった話です。第1章❸でもお伝えしたパワハラになりかねません。

上での募集広告をお願いしておいたら、彼女は募集欄の見出しとして「明るい人求む！」と書いたようです。するとウェブの業者さんから「〝明るい〟というのは人格です。〝暗い〟人が悪い人みたいになってしまうから、文言を訂正してください」という連絡が入りました。リーダーが「でもうちはトップが能天気なので（私のことです…）、明るい人が合うと思って書いたんです。人権を侵害しようという気持ちは一切ありません。ではどのように記載すればいいでしょうか？」と問うたところ、業者さんは「〝明るく振る舞える人求む〟なら結構です」とおっしゃったそうです。「……何だか難しいなあ」と、みんなで話をしながらも、ここは個性ではなくて行動について記載する必要があったのだとわかりました。それほどにセンシティブな時代であるということです。

このようにネガティブなことは当然ですが、ポジティブなことも同様です。例えば、「あなたは気が利くね」とほめられても、何をほめられているのかがわかりません。「こういう行動をとってくれてありがとう。気が利くね」であれば、「あ、私のこの行動がほめられたのか」ということが理解いただけます。また、第三者から見たときに「気が利く」と繰り返しほめられている人は、少しひいきされているように感じられるものです。具体的な行動の解説があれば、同じ行動を繰り返せば自分もほめられることになります。

お母さんが知りたいのは、子供の個性ではなく「今日の事実」

これも弊社であった話です。メンバーから自己啓発として会社から外部の公開セミナーに参加したいと申告がありました。セミナーのテーマは「文章の書き方」。私は「これから在宅勤務も増えるし、文章で人に影響を与えていくことも必要。ぜひ文章表現力を学んできたらいいよ」と許可を出しました。

行って帰ってきたので感想を聞いたところ、そのメンバーは言いました。「とても勉強になりました」。「例えば、どんなことが勉強になったの？」と尋ねると、「もちろんセミナーの中身も勉強になったのですが、そもそも私は内勤の事務方です。だから他社の参加者と休憩時間に雑談をしたり、別の職種の方とワークをしたりしたことがとても勉強になりました」と言います。「なるほど。他社さんっていうのはまだわかるんだけれども、別の職種の方ってどういうこと？　今回は文章の書き方セミナーなのだから、事務部門の方が多く参加されていたのではないの？」と尋ねると、メンバーは「でも、私のチームは六人だったのですが、同じチームに保育士さんも参加されていました」と返す。保育士さんがなぜ文章の書き方セミナーに参加するのか疑問に思って引き続き尋ねてみて、その応えに私はなるほどと思いました。

保育士さんは親御さんと連絡帳のやり取りをしています。その連絡帳に、例えば「たろうくんは今日も元気でした」などと書こうものなら、親御さんから「うちの子、みてもらってません！」とクレームが入るのだそうです。たろうくんは元気という個性を持っているのだから、そんなの見ていなくても書けます。例えば「たろうくんは今日お友達とたくさんかけっこ競争をしていました。たくさん一等賞も取りました。でも、最後まで走り切るお友達たちに頑張れと一生懸命声援を送っていました。たろうくんは今日も元気でした」とまで書かなければいけないそうです。確かにそうだなと膝を打ちました。親御さんはわが子の個性についてはよくわかっているのですが、知りたいのは今日保育所でどんな行動をしたのか、なのです。

私はてっきり「文章の表現力」を学びに行ったのだと思っていたのですが、よくよく内容を聞いてみると、多くは「観察力」につながる勉強でした。確かに観察していなければ表現すらできないものですね。なるほどと思いました。ポジティブなこともできるだけ具体的な行動ベースでフィードバックをしていただけるとよさそうです。

コップに半分も水が入っているという人がいます。半分しか入っていないという人もいます。「半分入っている」でいい。あるがままに見ればいいのですが、あるがままに見るというのは意外に難しいのかもしれません。

「問題社員〝未満〟」と騒ぎ立てる前にしておくべきこと

「問題社員〝未満〟」に限らない、通常の育成においても共通で必要な「原理原則」を確認しておきます。

まず、**人格ではなく行動を注意**してください。問題行動を起こしたからといって、相手の人間性に触れる注意は禁物です。注意されても人間性を変えることは困難だからです。問題行動そのものに絞って注意し、改めさせてください。例えば、部下がよく遅刻する場合は、「時間にルーズなところ（＝人間性）をなおして」と言うのではなく、「始業時間に出社すること（＝行動）を守って」と注意するとよいでしょう。

それから**問題行動の記録**は取っておいてください。先ほどの松下太郎さんの上司は、よい記録がとれています。部下や同僚の問題行動は、起きたその場で注意するのが原則です。しかしそうは言っても、その時注意する時間が取れなかったり、後で周囲から間接的に知ったりする場合もあるでしょう。そうした時のためにも、部下がいつ何をしたのかという事実を記録しておくことです。時間が経過しても問題行動を詳しい事実ベースで示しながら注意できるので、相手の納得感を深められます。ただ既述（161ページ）のように、決して「閻魔帳」をつけているわけではないので、基本的には、起きたその場で注意をしてください。「こんなに観ていたよ」とワン・オン・ワンで急にフィードバックをするのではなく、その場で注意をしておいたことを、ワン・オン・ワンでは「あれから改まったね」などと総括をして、その上でこれからさらにどうしていくかという未来の話をする時間にすればよいだけです。

そして最後に、**自分の常識は相手の非常識という心構え**でいること。自分が知っていて当たり前と思う社会人のいろはを、「問題社員〝未満〟」はそもそも知らないから問題を起こしてしまいます。知らないことを注意しても逆効果で、相手に響かないどころか反発を買うだけです。

加えて、**「人の感情」ではなく「事実」で対応**する。総じて「分ける」ことは重要ポイントです。基本的な指導もできていないのに、「問題社員〝未満〟」は対応が難しいなどと言っているようでは、あなた自身が、愚痴の多い「問題上司〝未満〟」ということになりかねません。

【コラム】EEC方式

一般的に部下にフィードバックを行うときも、話を分けて伝えるようにすると理解されやすくなります。通常のフィードバックの場合は「EEC」で三つに分けてみてください。

1　Example（事例）／実際にあった事実を確認する
2　Effects（影響）／その事実が職場や周囲に与える影響について説明する
3　Continue（続行すること）もしくはChange（変更すること）／よい点は継続を依頼する、そうでない場合は代替行動を伝える

ただし、「問題社員〝未満〟」へのフィードバックのように少し深刻な場合は「EENC」と四つに分けて対話を構造化してみてください。

A　Example（事例）＆Emotions（感情）／実際にあった事実を確認し、自分がそれをどのように感じているかを説明する
B　Needs（影響）／別の方法で行動する必要があることを伝える
C　Consequences（（どちらかというと好ましくない）結果）／変化する場合としない場合に何が起こるのか

第4章

今、現場が「未満」とするタイプ別のアプローチ

百人の「問題社員〝未満〟」が存在したとしたら、そこには百通りの悩ましさやパターンがあるはずなのですが、震源をたどっていくと、「想像力の欠如」に行きあたるのではないかと考えます。

対タスク、あるいは対人の想像力の不足が「問題社員〝未満〟」を「未満」たらしめているのではないか、という仮説を置き、それぞれの想像力の不足について、その特徴を見ていくことにします。

1 仕事面で「未満」社員の特徴

仕事に不可欠な想像力／タスク想像力

ある会社で、上司と部下の間でこんなやりとりがあったそうです。午前中、上司が若手の部下に「ついでのときに出しておいて」と書簡を預けました。午後三時頃、「あれ、出しておいてくれた？」と念のために確認したら「ついでがなかったので、まだ出していません」という返答。その書簡には速達の印も押されていたのです。「今時の若いものは、一から十まで教えなきゃならんのかねえ」という上司の嘆きはもっともですが、「それなら、『今すぐ出してこい』と指示してくれればいいのに……」という部下の言い分もわからないではありません。

部下が仕事面で想像力を働かせて察してくれるようになるまでは、ある程度の訓練が必要です。未経験のことはなかなか想像できるものでもありません。育成の初期段階では、いつまでに何を何のためにどう行動して欲しいのか、仕事の期限や目的を具体的に明確に伝えましょう。最初は一から十まで伝える。十を伝えて十を知る時期を経て、一を伝えて十を知るところまで、育成には段階と時間が必要です。

「お風呂、見てきてもらえる？」という一言で（期待行動を）わかってもらえる場合もありますが、「どうだった？」「あふれてたよ」というところから子育てというものは始まるものです。「お風呂場に行って、湯船のこのあたりまで水が溜まっていたら、蛇口をひねって水を止めてきてね」というところから始めているわけです。私もこれを書きながら、子供の頃「灰皿持って来て」という父親の指示通りに動いたら、「こういう時はライターも持ってくるものだ」と注意されたことを思い出しました（苦笑）。「気を利かせる」ということを教えてくれようとしたのだとある程度の年齢になったらわかりましたが、幼少期は哀しかったものです。

同様に街頭にあるポスターで、例えば「皮膚がんを予防しましょう」とキャッチコピーが掲げられていたところで、実は啓蒙にはまったくなっていません。ただのスローガンどまりです。この手のポスターは気にしてみると案外、街中に溢れているものです。だから具体的にどういう行動をとればいいのかが大切。例えば、「顔が影になるような、つばのある帽子を被りましょう」「SPF2以上の日焼け止めを塗りましょう」といった具合です。

「皮膚がんを予防しましょう」	「できるだけ日陰に入りましょう」 「顔が影になるような、つばのある帽子を被りましょう」 「サングラスをかけましょう」 「SPF2以上の日焼け止めを塗りましょう」

次表は、ある企業で外国人国籍の社員を配属する際に、配属先の上司に配布される対応マニュアルからの抜粋です。なるほど、日本人同士でも「以心伝心」「阿吽《あうん》の呼吸」なんて早晩期待できないのですから、外国籍の方にはこれくらい「きちんと」「丁寧に」「具体的に」伝えてくださいということでしょう。

この机、会議室まで運べるかな	この机を会議室まで運んでください
取引先には訪問予定を伝えたの	取引先には、訪問する予定の日時と内容を伝えてください
急がないけど、早めに頼むよ	契約書は五日の朝十時までに仕上げて、私の机に提出するように
これ、なんとかならない？	あと三つ、案を出してほしい
会議は九時から始まります	九時には必ず会議室に来てください

私たちはエスパーではありません。以前、私が学習塾をフランチャイズ経営していた頃、

「自分のお腹から出てきた子供は、私の分身」という認識でいるお母さんたちと出会うことが少なくありませんでした。たとえ自分の子であっても、別の人格をもった一人の人間です。上司と部下も同様です。部下を異国人と思え、とまでは言いませんが「別人格」の違う人間だと再認識してください。「きっと伝わっているだろう」「きっと気を利かせてくれるだろう」という非論理的な期待を、最初からしないことです。

日本は世界で最も「文脈を読ませる」文化

文化人類学者であり、異文化コミュニケーション学の先駆者とされるエドワード・T・ホール（一九一四〜二〇〇九）は、世界三十か国のコミュニケーションにおける言語の使用頻度に着目し、世界の文化を「高文脈文化」と「低文脈文化」に分けました。「文脈」というのは、状況や話の流れ、その場の雰囲気のことを差します。「高文脈文化」では実際に言葉として表現された内容よりも、言外の意味を察して理解するコミュニケーションの取り方をします。お互いの既知知識が重要視され、非言語コミュニケーションの役割も大きいでしょう。一方「低文脈文化」では言葉にした内容のみが情報として伝わるコミュニケーションで、正確性が必要とされます。情報や意図をできるだけ言語化することになります。

前者はいわゆる「空気を読む」言語文化で、沈黙があっても不快に感じませんが、「低文脈文化」では「言わなくてもわかる」は通用しません。「高文脈文化」の極端な例は日本語、「低文脈文化」の極端な例はドイツ語と言われています。日本においてニーズは「察す」べきもの、ドイツにおいてニーズは「訊く」べきものであるわけです。

日本人同士では、空気を読んだり、以心伝心に頼ったりするコミュニケーションが一般的です。反対に、空気が読めないと〝KY〟と非難されることすらあります。ここまで読んで気がついた方もおいでかもしれません。仕事における想像力、タスク想像力の欠如に伴う「問題社員〝未満〟」は、ある意味、「高文脈文化」下での業務遂行に困難があるという見え方もできそうです。

また日本では、「高文脈文化」を前提にして、否定的なフィードバックを伝える際に世界でダントツに「婉曲的に伝える」文化。否定的なフィードバックですらやんわりと空気で伝える。そうしたやりとりこそが洗練されているとすら感じる国民性であるというわけです。

例えば、フランス人は米国人よりは若干「高文脈文化」のコミュニケーションをとるものの、批判においては直感的で単刀直入だと言われています。あくまで国全体の傾向ですし、同じフランス人の中でも多様な個性があるのは当然ですが、国の文化というものはこういう傾向値からある程度把握することができるようです。

タスク想像力不足の（もしくは「このタイプの」）「問題社員〝未満〟」はどちらかという

と、**行間をあまり読めずに仕事をしていることで成果が創出できない**にも関わらず、上司側は単刀直入なフィードバックを避けるがために、「問題社員〝未満〟」の「未満」ぶりが助長されるという構図が浮かび上がってきます。

リーダーは自分のスタイルを絶えず調整し、仕事のメンバーに順応する必要があります。常に一定の行動をとるのではなく、例えば「フィードバック」においては、時に単刀直入に解釈の余地を残さずに伝える選択をすることもあれば、状況次第では婉曲表現を活用すれば、どんな多様性にも対応できることになるわけです。「問題社員〝未満〟」を異文化だと思えとは言いませんが、自分とは別のポジションにいるのかもしれないという発想で眺めてみると、あなたの順応性は一気に広がっていくのかもしれません。

【コラム】日本の常識は世界の非常識

日本は島国社会です。縄文時代までさかのぼると、数千年の歴史を共有しています。さらに、多くの期間は他の国から閉ざされている状態でした。このような歴史的背景を持つ国は世界でも珍しいのです。

数千年の時間をかけて、日本人は言葉にしなくても相手のメッセージを読み取る能力を身につけてきました。その結果、「空気を読む」「忖度（そんたく）する」「行間を読む」コミュニケーションスタイルが発展しました。そのため日本は世界で最も「高文脈文化」に位置付けられています。

私たちは大量に行間を読みながら仕事をしている

これはある組織の新卒採用の「筆記試験」です。国語や算数ではなく、こうしたものが筆記に使われる時代になったのだということに驚きます。この組織はいったい、求職者の何を問うていると思いますか？　そしてあなたならどう回答しますか？　ちょっと考えてみてください。

【事　例】

あなたは多くのビジネスセミナーを主催する企業に勤務する野口さんです。ある月曜の朝、出社すると同時に職場の先輩である安川さんから声をかけられました。「今から急な用で出なければならないのだけれど、昨夜のうちに届いていたこのメールへの対処が必要だ。申し訳ないけれど、私に代わって対処してくれないだろうか。上司には伝えてある。迷惑かけるけど、頼まれてほしい」。とのこと。あなたはいつもお世話になっている先輩の役に立ちたいと思っています（なお、登場する人物や会社とはある程度面識はあり、メールアドレスや電話番号などの連絡先も知っているものとする）。あなたならどのような対処をしますか？　箇条書きで答えてください。

この事例は、実際の職場であり得る「仕事」のワンシーンです。メールは、得意先の責任者／安部さんからで「セミナーに使用するＤＶＤ映像を事前に確認したら、どうも映像が乱れているので、交換して欲しい」といった内容。さらに、対応を「担当の前田さんに連絡してほしい」と添えられています。まず、このメールから、状況を読み取り、より的確な対応が「想像」できるかどうかが問われるわけです。たった一通のメールですが、ここにはたくさんの登場人物が登場します。まず先様の安部さんと前田さん、こちらは先輩の安川さん、DVDを手配してくれているAAA映像社など。新卒採用の学生さんで実施してみると、よくあるパターンは下記のようなものになりました。

①　前田さんに電話をかける。
　※クレームであることは察知できているが、その先の想定はない。
②　前田さんにお詫びのメールをする。
　※謝るだけでは対処にならないし、ましてやメールでお詫び？
③　AAA映像にDVDの在庫有無と新しいDVDを送付してもらう場合の到着日を確認して、手配を頼み、その上で、前田さんにお詫びかたがたビデオの到着日を電話で連絡する
　※学生でここまでできたら及第点。
④　安川さんにすべての対応が完了したことをメールで報告しておく。
　※最近の学生さんは、報連相を知っている人も少なくない。
⑤　安部さんには、安川さんから一報入れてもらえるように伝えておく。
　＊安川先輩をたてようとしている配慮が感じられる。

⑥前田さんと電話した後、「言った、言わない」にならないようにメールでポイントを前田さんに送っておく。
＊宅配便で手配する場合に、問い合わせ番号を添える人まで見たことがあります。すごい！
⑦⑥のメール際、ＣＣに安部さん、ＢＣＣに安川さんを入れておく。
＊一発で報連相完了です。学部卒の学生には無理ですが、理工系の院生で見たことがある対応です。おそらく大学院でそのような根回しのメールに慣れていたのかもしれません。
⑧ＡＡＡ映像社に手配を頼む際に、差し替えて送付してもらうＤＶＤも画像が同様に乱れていたりすることがないよう、念押しをする。
※再発防止までしてくれる人もいます。

②以外の行動ほぼすべてを記載できる人もいます。そうかと思ったら、この一通のメールの状況すら読み取るのに苦労する人もいます。

そう、この試験を採用している企業は、求職者のタスク想像力を見ようとしているのです。私たちは一通のメールからでも多数のことを読み取っています。この企業には少し特殊性があって、机の上やＰＣの中でほぼ仕事が完結してしまう職種がメイン。ですから、どれだけ面接で高評価だったとしても、この試験で一行も回答できないようであれば、仕事の教えようもないと考えています。

こうしたタスク想像力の不足が引き金になった「問題社員〝未満〟」のパターンについて、引き続き対処を考えていきましょう。

曖昧な言葉を使わない

タスク想像力の不足については、まずは当然に**「曖昧な言葉」は使わないことが肝要**です。例えば、人事評価の四大情意項目と呼ばれる要素を例にして考えてみましょう。これらは仕事の成果如何のみならず、仕事における態度、行動姿勢として日本企業が社員に求めがちな要素といえます。新卒採用においても、これらが面接の評価軸の中に組み込まれていることが多いようです。

規律性	社会のルールや人との約束を守る力
責任性	自分の役割や責任を認識し、それを全うしようとする態度行動の度合い
積極性	物事に対して自ら進んで働きかけ、意欲的に取り組む姿勢
協調性	自分と異なる立場、違う意見や考え方を持つ人たちと協力しながら、同じ目標の達成に向けて行動できる能力

実際、職場で「もっと積極的に！」「周囲に対する協調性を大切に」などというマネジメントを皆さんも耳にしたことがあるのではないでしょうか。しかし、タスク想像力不足型の「問題社員〝未満〟」に対して「もっと積極的に！」などと言ったところで、実はほぼ伝わっていません。いきなり声が大きくなるだけの場合すらあり得ます。「積極性」や「協調性」という言葉自体は概念であり、当然目に見えないのです。

例えば「もっと協調性を発揮してくれよ」ではなく、「会議の際などに、例えば〝司会は自信がないけど、書記役を引き受けることはできそうです〟などと何かできることを少しでもやろうと周りに宣言することは、協調性の表れと言えるよ」という具合に具体的な行動レベルで伝える。もしくは何か具体的な行動があった時に「今の行動は協調性があったね」というフィードバックがあれば、行動と概念がつながります。

通常の部下以上に、タスク想像力不足がある「問題社員〝未満〟」に対しては、**できるだけ解釈の余地を与えない**ことが肝要です。もちろん、その人を否定しているのではなく、徐々に「この人がこういう話をするときは、こういう行動を期待しているのだ」と理解し始めてくれたら、徐々に概念的な言葉を使っていったらよいのです。仕事の現場なのですから、お互いが気持ちよく、そして効率よく、効果的に進めることを最初は優先してください。最初から「なんでわからないんだ！」とあなたの気持ちをぶつけたところで、当事者は次の段階に進むことはできなくなってしまいます。

業務遂行に必要な「行動」の明確化

「積極性」のような情意項目の抽象概念を行動として言語化することの重要性をご理解いただいた次には、それをあらゆる仕事の行動伝達でも実践してみましょう。

例えば事務仕事で「電話対応を頼むよ」と丸投げするのではなく、「電話が鳴ったら、二～三コール以内に受話器をとるように心がけてね」「まずはこちらの社名を名乗るのだけれど、先方の社名や名前を間違いなく聞き取ることを優先してください。万が一聞き取れなかった場合は、〝失礼ですが、少しお電話が遠くて聞き取れませんでした。もう一度お名前を確認してもよろしいですか？〟などとお聞きすれば大丈夫。わからないまま話を進めることのほうが失礼だからね」という具合です。決して相手の能力を蔑ろにしているのではありません。極端な話をしているように感じられるかもしれませんが、「電話くらい出られるだろう」という決めつけをしないことです。そして実際、それが実践できた際に「その調子！ありがとう！」と労うことも忘れずに。

営業職であれば、「契約をとってこい」なんて丸投げをしていませんか。どうすれば契約が取れるのか。先方とのアポイントはどうやってとればいいのか。アポイントを取るメールの効果的な書き方はどういうものか。**徹底的にかみ砕いて伝えてください。**想像力は人によってまったく違うのです。

タスク想像力が低い部下の仕事は、分解する

タスク想像力が不足する「問題社員〝未満〟」の場合は、仕事の割当てを再検討することも選択肢の一つです。

日本と欧米とでは、人材供給の発想がまるで違います。欧米では、組織に空きが出たら労働市場からその仕事ができるだけ百点でできるに近い人を募集して採用します。まず仕事があって、そこに人材が当てはめられる。人と仕事が最初からマッチングされています。

ところが日本では、まずポテンシャル重視で新卒採用を行い（人と会社のマッチング）、適性とやらをみて、会社が人に組織をあてがう。そして配属先の所属長が、本人に職務や役割を与えます。当然、最初から百点の仕事ができるわけではなく、そこに育成という考え方が入ります。個々人の仕事の遂行を、現場のＯＪＴに依存してきたのが、日本の組織の特徴といえるでしょう。

つまりリーダーの仕事のスタートは、自分のメンバーにあてがう仕事をどうするのかを決めるところからということになります。誰にどの仕事を当てはめるかによって仕事の成果は

一様ではないはず。仕事の割当ては、組織パフォーマンスを最適化するために行うリソース配分です。そして、その仕事を遂行するために必要な知識や技術、能力は何かということを明確にすることになります。五種類の仕事があって、五名の部下がいたとすれば、誰をどこにあてがうかによって組織全体の成果は変わってきます。それが組織の面白さであり、難しさなのかもしれません。

また、もしチーム内でうまく適所適材を実現できたとしても、そのメンバーにぴったりの業務遂行の継続だけでは、その後の成長の可能性が狭くなります。組織全体で見たときに、万が一、その適所適材の人がいなくなったらどうするのかという問題も出てきます。

例えば、パン屋さんで、食パンのプロ、フランスパンのプロ、菓子パンのプロ……とそれぞれのプロをつくることも一つの経営の考え方です。いや、うちは、生地をつくる発酵のプロがすべてのパンの生地発酵を担当する、焼成のプロはさまざまなパンの焼成を熟知している、店頭のプロは店全体のデコレーションや配置を適切に行ってくれるというパン屋もあるはずです。もちろん、どのパンもどの工程もできる「多能工」がたくさんいればいいのですが、一朝一夕にそれができるわけでもありません。

メンバーに仕事を割り当てる場合は、適所適材・適正配置だけでなく、組織全員の成長の機会を公平に与え、組織全体の能力を高めるためのチャレンジも考えて、メンバーの（達成・参画・公平・変化への）欲求を充足することが不可欠です。

さて、本題の「タスク想像力」不足型の「問題社員〝未満〟」についてですが、当初は**「一つひとつのパーツ」単位で仕事を与えてください**。イメージとしては、食パンづくりのプロ（食パンについては、最初から最後まで一人で達成できる）や焼成のプロ（どんなパンでも焼成は私にお任せあれ）にするのではなく、食パンの「焼成」のみ、を徹底させるところから始めます。

行動は何事も「分解」することができます。食パンの焼成だけでもいくつものステップの組み合わせで構成されているでしょうし、同様に営業活動に必要な行動も事務方の作業手順も、細かく分解できるはずです。「問題社員〝未満〟」には、できるだけパーツに分けた仕事ごとに、進捗管理を行うことになります。

なお、ステップを積み重ねさせる場合には、前から一つひとつクリアさせていくのではなく、最初のうちは途中まで手を貸し、最後の行動をこそ一人でさせてみることです。RPGのように、一つひとつのステップをクリアさせるイメージです。飛び越しはさせません。そうすれば、「達成感」を最初に感じさせることになるからです。営業の場合では、契約の手前まで進捗を支援しつつも、最後の契約を腹をくくって任せてみることです。これを「バックワード・チェイニング」といいます。

【参考】バックワード・チェイニングをかける

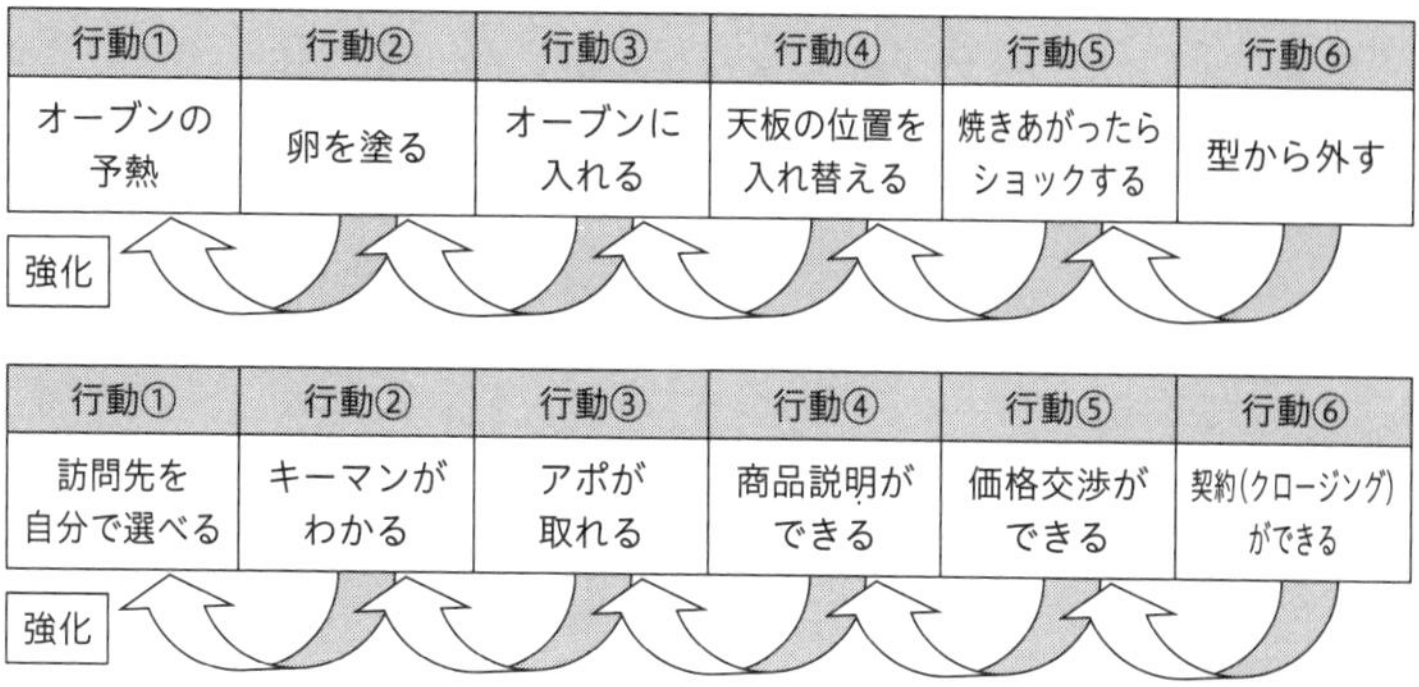

行動①	行動②	行動③	行動④	行動⑤	行動⑥
オーブンの予熱	卵を塗る	オーブンに入れる	天板の位置を入れ替える	焼きあがったらショックする	型から外す

行動①	行動②	行動③	行動④	行動⑤	行動⑥
訪問先を自分で選べる	キーマンがわかる	アポが取れる	商品説明ができる	価格交渉ができる	契約(クロージング)ができる

また、一般的な育成では上司・部下の間で「仕事の目的やゴール」を共有化することが重要ですが、「タスク想像力不足」型には「仕事全体の〝壮大な〟目的やゴールを示す」のではなく、むしろ切り分けられた仕事の単位ごとのゴールを示すにとどめます。全体の目的やゴールから伝えると、むしろ想像がつかなくて困難に感じさせてしまうからです。

このように、**標準的な育成方法が、仕事の成果が、タスク想像力不足型には裏目に出る**ことがあります。一つひとつのステップをクリアして、最終行動に達した後に、「あなたの仕事はこんな価値につながっていたのだよ」とか「こんな成果につながったね」と総括するやり方のほうが適切であることのほうが多いように感じます。

タスク想像力不足型がタスクに慣れてきて、ある程度仕事を塊で任せられるようになってきたら、同じ職場の誰かの仕事のサブ担当につける。逆に、本人のメイン担当を設定しながらも、サブ担当をつけるなど、二人一組で成果を達成させる、といったいわゆる「バディ制度」を導入してもいいかもしれません。

「状況」で抽象的に指示するのではなく、「上司」が具体的に指示をする

仕事の成果が出にくいタスク想像力不足型には、指示命令の与え方も意識してください。

指示命令とは、一見「仕事の内容を具体的に伝えること、言いつけること」かもしれませんが、最終的には「上司自身が実行するような形で部下に行動してもらうための作用」です。

「指示待ちではなく、主体的に行動できる部下」というのは、おそらく次の二つの要件が揃っていることでしょう。

・部下自身がやらなければならないと感じている（心的なエネルギー）
・「状況」から、次にやるべきことが理解できている（自らの任務の自覚）

ところがタスク想像力不足型は、「状況」が読めずに、次にやるべきことが理解できていない「状況」なのですから、まずは、指示命令の内容を正しく理解してもらうことから始めます。

【参考】命令の内容を部下に正しく理解してもらうために
・論理的に、筋道立ててわかりやすく話す
・6W3Hで話す
・相手が理解できる言葉を用いる
・命令の内容を部下の言葉で話させる（復唱させる、記録させる）
・命令の内容を部下がどう実行するか話させる（復唱させる、記録させる）
・「目先の」期待する目標・行動指針を正しく理解させる
・必要な情報を確実に伝える

逆に次のような「一般的な部下」に求められる、実行意欲が高まるような命令の与え方は、**タスク想像力不足型にはむしろ不適当**ですから注意してください。

【参考】実行意欲が高まるような命令の与え方
・上司自らの意欲や信念を示す
・部下の創意工夫の余地を示す
・部下の自尊心や達成意欲・使命感・責任感に訴える
・組織全体への貢献度や部下への利点を伝えて興味を高める
・目標・状況・問題・問題意識の共有を図る

タスク想像力不足型の場合は、気付きや考え方を変えようとするのではなく、とにかく徹底して「行動」を指示することだと心してください。

やること以上に「やらないこと」も明確に

やらないことリスト

- [x] 既存のお客様への追加アプローチは、今週はしない
- [x]
- [ ]
- [ ]
- [ ]

行動を具体化することと同時に、もう一つ実践していただきたいことは「**やらない行動**」「**やってはいけない行動」も明確に**しておいてください。

タスク想像力不足型は、何か行動をとらない場合もありますが、想像力の不足からくる勘違いで、余計なことをやってしまうという場合もあります。「やってはいけない」と禁止するのではなく「やらないことリスト」として、今やる必要のない行動をお互いに確認してお

くこともお勧めです。

評価は目標設定の時点で半分決まっている

次表の「ＢＡＤ事例」はある会社で、タスク想像力不足型の部下が設定した目標管理シート設定目標の事例です。あなたがこの人の上司だとしたら、ＧＯサインを出しますか？　これらの目標にどんな改善を試みますか？「ＧＯＯＤ事例」は上司がその部下の設定を受けて、実際に一緒に書き直したものです。

ＢＡＤ事例

総務として、現場の超過勤務時間管理に努める。

ＧＯＯＤ事例

昨年は倉庫管理担当者一人あたりの超過勤務が月平均○○時間となり、作業効率の低下とコスト増加が課題となったことから、以下の改善を行う。
・一月中に業務の流れを確認し、重複やムダとなる業務を洗い出す。
・二月中に超勤理由を分析し、対策を検討する。
・三月以降は検討した対策を実施し、社員超勤実績（倉庫管理担当者）の十％削減を目標とする。

	人事として社員からの問い合わせに対し、迅速な対応を行う。	仕入れ担当として、仕分時の異物混入を撲滅するよう努める。
	↓	↓
・六月末に実施した対策の効果測定を行い、目標未達成の場合は下期以降の対策を改めて検討する。	昨年、社員からの問い合わせに対して、回答や指示に時間がかかることがあり、トラブルに発展した事象があった。そのため今期中に社員からの問い合わせに対し、30分以内に対応できる体制を構築する。 一月中に過去発生した緊急案件を整理・分類し、対策マニュアルを作成。 二月は月一ミーティングの際に併せて勉強会を行う事で対応力の強化を図る。 三月からは問い合わせ対応にかかる時間を計測し、三十分以内に対応できなかった原因を洗い出し、マニュアル改定を行う。	仕分け時の異物混入が増加している状況を改善するために、ゼロ件を目指す体制をつくる。 一月中に備品（ボールペン、カッター等）の使用や関する注意、他事業所で起きた事例等を朝礼時に周知し、徹底する。 二月中に仕分ライン巡回および担当者からの聞き取りにより、手順不履行やリスクとなり得る要因を分析し、改善策の提案を行う。

三月中に承認いただいた改善策を実施。また、改善内容が仕分ライン巡回時に正しく履行されているかを確認する。
六月末時点で効果発揮がされているかを検証し、必要に応じて再度改善策を検討する。

こうして比較してみると、「BAD事例」の共通点がおわかりいただけますね。そう、「BAD事例」のような目標設定では、そもそも**評価自体が不可能**です。「努めました!」と言い張る部下に対して、どのようなアプローチをすれば納得してくれることでしょう。このように、実は既に目標設定のタイミングで私たちはかなり曖昧な言葉を使っている場合が多いようです。

「GOOD事例」には、まず仕事の必要性の背景(なぜ)があります。また具体性もありますし、定量化されていますね。プロセスも明確です。決してマイクロマネジメントをしているのではありません。例えば二月までと伝えていたものが一月にできたら労うことができますし、逆に三月にずれ込んでしまったら原因を一緒に考えて改善を図ればいいのです。

目標設定とは、ある一定期間に成し遂げるべき成果を具体的に描いたものです。具体的には、「①何を(目標)②どのレベルまで(達成基準)③いつまでに(期限)④どのようにやるか(行動計画)」を明確にしていくことが不可欠ですし、併せて「なぜやるのか、誰のためか、何のためか」の確認なくしては、目的が手段になりかねません。

タスク想像力不足型ご自身に、この「ＢＡＤ事例」のような目標設定をさせておいて、それを指導もせずに「うちの部下は問題だ」なんて言っているようでは、あなた自身が「問題上司」です。

そして次に記載されているような、**体裁のいい「禁句」**を現場で多用していないか、確認してみてください。

【参考】目標設定における禁句集

禁　句	具体的な表現で表現する（「何を」「どれだけ」「いつまでに」を明確化する）
迅速化する	・「所要時間三時間を二時間に短縮する（三月末までに）」というように迅速化する。
効率化する	・「〇〇の作業を機械化し、所要人数五人を四人でできるようにする（九月末までに）」というように効率化する。
向上する	・「〇〇の発生率を十五％から十％に低減し、歩留まりを五％アップさせる（三月末までに）」 ・「担当者全員が一人でプレゼンテーションできるようにスキルアップし、全員が一回以上プレゼンテーションを行う（九月末までに）」というように向上する。

企画する	・「○○企画書を作成し、九月までに承認を得て、下期に実施できる状態にする」というように企画する。
推進する	・「十月末までに○○マニュアルを作成し、全担当者に活用トレーニングを実施する（三月末までに）」、「○○の責任分担を決めて、○○のチェックを毎日行う体制を九月末までに作り上げる」というように推進する。
定着化する	・「○○を実施して○○が毎日行われる状態にし、○○を毎日できる体制にする（十月末までに）」というように、何を定着化し、どのような状態になればよいのかを書く。
図る	・「○○の改善を行い、エラーを年間十件以内に低減させる（三月末までに）」というように、どのような状態にするのかを書く。
管理する	・管理すること自体は目標とはなりません。管理する目的を明確にし、管理することにより、どのような状態になればよいのかを書く。
努める（努力する）	・努力するというだけでは、目標達成度が測定できません。具体的にどのような成果を上げるのかを書く。
共有化する	・「○○について関係者に理解させ、○○について全員が実行できるようにする（九月末までに）」というように、共有化する内容を具体的に表現し、どのような状態になればよいのかを書く。

把握する	・「○○について調査分析をし、○○の阻害要因を整理し、対策を立案できるようにする（三月末までに）」というように把握する。
支援する	・「各部門で住民サービスの向上に成功した事例を収集し、毎月各部門に情報として提供する」というように支援する内容を書く。

2 人間関係で「未満」社員の特徴

仕事に不可欠な想像力／対人想像力

次は「対人想像力」不足型「問題社員〝未満〟」の対処を考えていきます。ここでは98ページでチェックいただいたネガティブな感情を使います。これらは交流分析の「人生態度」という考え方を用いていました。

Aタイプ……「第二の立場（私はOKではないが、あなたはOKである）の感情」自己否定（他者肯定）的な感情

＊この立場に立つとき、人は劣等感に悩んだり憂鬱になりやすく、自己卑下や消極的な態度をとるために、「自分はOK」と見える人とともにいると、気後れした感情から積極的に親密な関係を結ぶことができません。

Bタイプ……「第三の立場（私はOKだが、あなたはOKではない）の感情」他者否定（自己肯定）的な感情

＊相手を「OKでない」として自分勝手な判断で、他人に強い疑惑、反感を抱いている立場です。自分の肌に合わないものを排除しようとする傾向があります。

Ｃタイプ……「第四の立場（私はＯＫでなく、あなたもＯＫではない）の感情」自他否定的な感情
＊人生は無価値なもので、何も良いことはないと感じる絶望感、虚無的な構えです。この立場に立つとき、人は何でも悪い方向に考えて怯えたり、何ごとも自信が持てず落胆したり、存在価値を認めてもらえないと思ったりします。

ここで「あれ？　では第一の立場もあるのでは？」とお気づきになる人もいることでしょう。その通りです。第一の立場は「私はＯＫであり、あなたもＯＫである」（自他肯定）の感情であり、健康的に自他の価値を共に認める建設的な構えです。ですからネガティブな感情がありません。周囲の人々と調和を保ちながら、自分を活かしていく理想的な構えですが、この立場に常駐している人はほとんどいないかもしれません。そうありたいと思いながらも、他の立場に立っていることを知った時にいかに早くここに戻るか、そのプロセスが重要です。

エリック・バーンによる交流分析の考え方を、フランクリン・アーンストは「ＯＫ牧場」として紹介しました。第一の立場を、第一牧場エリアとします。同様に、第二牧場、第三牧場、第四牧場と、四つのエリアに分かれた牧場があるイメージです。

牧場というだけあって、人の心の中の牧場には羊の群れがいて、四つのエリアの枠を越えてあっちへ行ったりこっち行ったりと牧場の中をうろうろします。日によって、時間によっ

A＝第２牧場 【後悔】【心配・不安】【罪悪感】 【混乱・困惑】【自己卑下】 【劣等感】【甘える・すねる】 【恥辱・不面目】 【憂うつ・悲しみ】 【あわれみ・同情】 【羨望】【傷心】【悲哀】	第１牧場
C＝第４牧場 【恐怖】【あせり】【落胆】 【不全感】 【孤独感・身捨てられた気持】 【むなしさ・虚無感】 【敗北感】【疲労感】【絶望感】	B＝第３牧場 【怒り・攻撃】【優越感】 【競争意識】【イライラ】【冷静】 【独善性】【かんしゃく】 【いきどおり】【かた意地・拒絶】 【嫌悪感】【緊張感】【批判・非難】 【疑い】【恨み】

（特定非営利活動法人「日本交流分析協会」交流分析士１級テキスト（2011年２月第四版）70 ～ 72ページより作成）

て、状況によって、羊は移動し続けます。その牧場エリアにいると、既述の感情を味わうことにつながります。もちろん、うろうろ移動してＯＫです。ただし怖いのは羊がずっと一か所にとどまり続けること。一か所にとどまり続けるのは生きにくいのです。食べられる牧草もなくなってしまいます。交流分析の基本理念から逸脱しないようにしながらも、筆者はこの「牧場」という概念が、一日の間でもとどまり続けることなく、常に揺らいでいるような心の状態をうまく表現できていると感じ、この学問を学んでいる際に非常に腑落ちしたので、以降は「立場」を牧場と置き換えて説明します。

例えば第一牧場にいたけれど、「問題社員〝未満〟」の行動にイラッとして第三牧場に移動します。しかし、そんなイラっとする自分の器の小ささに少し後悔をした瞬間、あなたの心の中の羊の群れが第二牧場に大移動。しばらくして、もし同様のことがまたあったとしても次回はいちいちイライラしないようにしようと内省をするなどして心が落ち着いたら、羊は第一牧場に戻ることでしょう。そんなイメージです。それぞれの牧場の特徴を見ていきましょう。

第一牧場は、あなたも私もＯＫ！

右上のゾーンは第一牧場です。ここにはネガティブな感情が何ひとつ書かれていません。あなたも私もＯＫというエリアだからです。豊かにおいしい牧草が生えているエリアです。

なお、ここで言う「ＯＫ」というのはあなたがやっていることがＯＫというわけではありません。例えば人が人をほめる「ほめ方」には三種類あります。一つは詐欺師のほめ方。素敵なお召し物ですね」「その髪型、似合っていますね」といった感じです。持っているものを持っているものをほめる、つまりHAVEをほめるもの。「いいお声をなさっていますね」「素をほめることは比較的簡単です。これを一歩進めると、やったことをほめる、つまりＤＯをほめる。「お足もとが悪い中、お越しいただきありがとうございます」といった具合です。

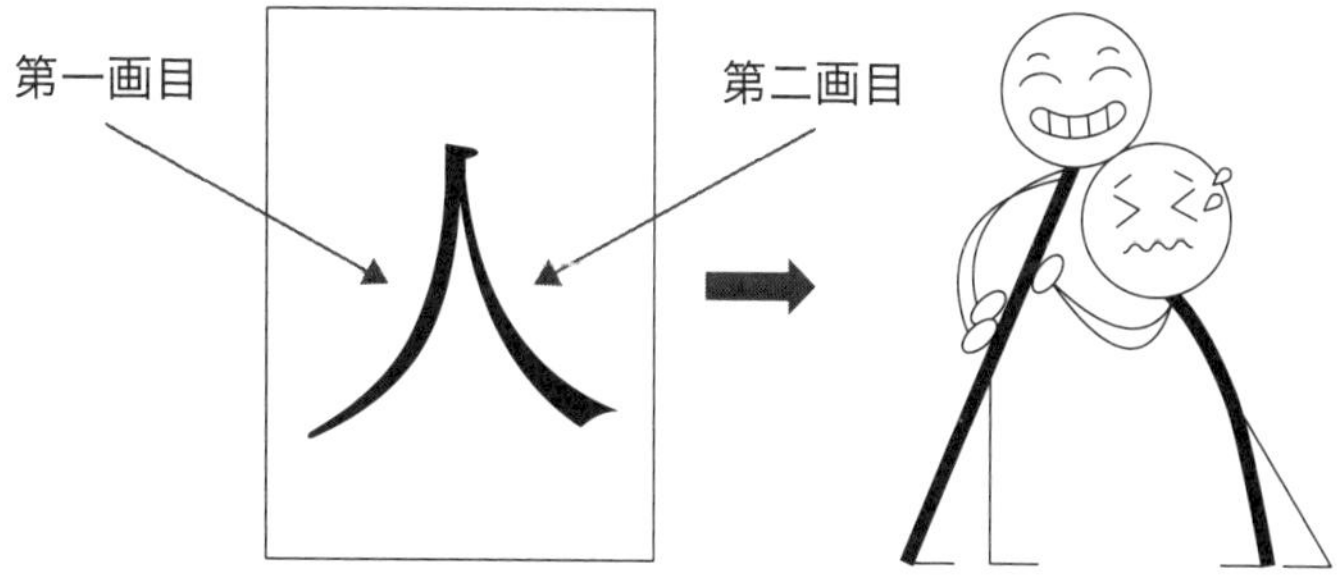

しかし最上級はこれではありません。最上級はBE＝存在をほめるもの。皆さんもそうではありませんか？　私はそうです。家族に「料理を作ってくれてありがとう」と言われても嬉しいですが、「いてくれてありがとう」なんて言われたら、嬉しいことこの上ないです。愛情の反対は憎しみではありません。これ（存在）を否定すること、つまりは無視無関心。だからいじめは辛いのでしょう。

ですから、ここで言う〇Kは「あなたがやっていること」が〇Kではなく、「あなたがそこにいること」が〇K。そして私もここにいることが〇K。人間ですから誰しも良い面と悪い面かあることでしょう。しかし、悪い面というよりは「改善の余地を残すところ」という観点では、そんな私も〇Kです。人間は〇K&〇K（自他肯定）、ああ、素晴らしい！　なんていう雰囲気の牧場エリアですから、特にネガティブな感情がここには存在しません。

昔、武田鉄矢さんがドラマ「3年B組金八先生」の中で、黒

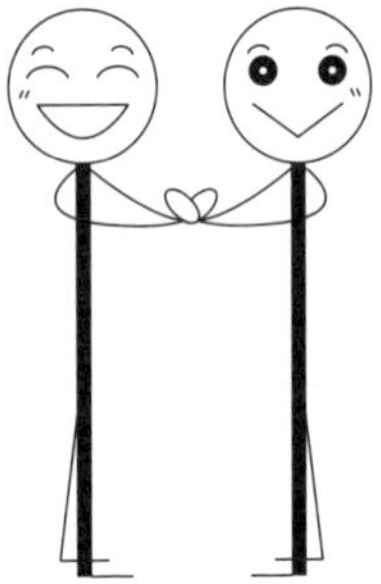

板に大きく「人」という字を描いておっしゃるシーンがありました。「人は人によって支えられ、人の間で人間として磨かれていく」。セリフと同時に、黒板に描かれる大きな「人」という漢字一字。子供心に非常によく覚えているシーンですが、そもそも漢字は象形文字です。「人」という漢字は、ひとりの人間が杖を持って立っている様子を表しています。実は支え合っていないのです（なお、甲骨文字によれば、人という漢字は人が一人で立っているところを横から見た姿を描いています）。

「人」という漢字自体はむしろ、私には「依存関係」の象徴のように思えてなりません。第一画目は、第二画目を上から押し付けて支配しているように見えながらも、実は第一画目を支えているのは第二画目の方です。第二画目がいなくなったら、第一画目は倒れてしまいます。他者否定のパターンは、まるでこの第一画目のように思えるのです。

心理学において「信頼関係」は、この支え合うようなイメージではありません。私は、アルファベットの「H」のようなイメージを持っています。精神的に自律している二人の大人が、あえて手をつないでいるようなイメージです。

手を離したところで私たちの間には、何の変化も揺らぎもない。しかし私たちはあえて手をつなぐ。こんなイメージです。ですから、この牧場エリアにはネガティブな感情が存在しないのです。

第一牧場では自他の境界もはっきりしています。次ページのイラストにあるように、強固な破線のイメージです。空いている隙間から相手の意見を受け入れることもできますが、断る必要があればはっきりNOと言うこともできます。

第二牧場は、あなたはOKだけれど私はOKではない

続いて、左上は第二牧場です。あなたはOKだけれど私はOKではないゾーン。栄養のない牧草が生えています。しかしそれでもお腹は満たせます。まるで弱々しい破線のイメージでもあります。周囲の意見はどんどん受け入れるけれど、その意見に振り回されてしまいます。自己否定なので、自分で自信をもって選択できません。この牧場に羊がとどまっている場合は、次のような状況に陥りやすくなります。

■第2牧場「〜〜逃避する」

・回避する、孤独、劣等感、自己卑下
・不安、消極的な姿勢、憂鬱、後悔する
・従順、依存的、弁解する、失敗の恐れ
・責任を取りたくないので決断しない
・相手に合わせる、遠慮する
・自信が持てない、自他の境界が不明瞭

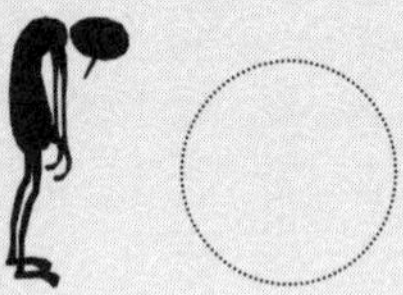

■第1牧場「一緒にやっていく」

・共栄共存、協力する、親交、自他尊重
・自由、開放的、自主性がある、自律的
・他者との不一致はお互いの解決を求めてイニシアティブをとって自己表現をする
・自他の境界線が明確
・意見が違っても相手を尊重する

(著者が2010年1〜4月に受講した「交流分析講座2級」でノートに記載したもの)

・断りきれずに無理をして過大な責任を背負い込んだり、複数の役割や仕事を引き受けたりすることで、自分を追い込みいつも疲労困憊してしまう。
・自分の能力・体力の限界を考えずにあれもこれもやろうとした挙げ句、心身の疲労が蓄積して倒れてしまい、生産的な結果を出せずに終わってしまう。

(特定非営利活動法人日本交流分析協会「交流分析士1級テキスト」(二〇一一年二月第四版)49ページから作成)

私の経験上、「問題社員〝未満〟」で悩んでいる上司や管理職は、この第二牧場にたたずんでいることが多いように思います。

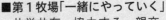

第三牧場は、私はＯＫだけれどあなたはＯＫではない

第三牧場は「私はＯＫだけれどあなたはＯＫではない」ゾーン。やはり栄養が摂れない牧草が生えています。強固な線のイメージです。自分を闇雲に受け入れて「私はＯＫ！」というのはいいのですが、周囲の意見が入ってきません。もしくは、妙に優しすぎる面を見せることもあります。それはまるで、小学校一年生にもなるお子さんの靴下を履かせてやっているお母さんのようです。それは愛情ではなく、自己都合です。何分待ってでもこの子は靴下を自分で履く能力があると信じられるなら、待ってやることができるはずです。しかし「私はＯＫだが、あなたはＯＫではない」という思いから手を出し過ぎてしまいます。この牧場に羊がとどまっている場合は、次のような状況に陥りやすくなります。

- 何か問題が起こったり、上手くいかないことがあったりすると、それらを他人や環境のせいにしたくなる。
- 相手のミスや失敗、欠点を探し出して、相手を非難する。自分を正当化、他人を非難する。

（特定非営利活動法人日本交流分析協会「交流分析士1級テキスト」（二〇一一年二月第四版）50ページから作成）

■第３牧場
「排除する、孤立する」
・他罰的になる、排他的になる、独善的
・人を責める、疑い深い、攻撃的になる
・自分の優位感を持つ、他者を拒否する
・他者を近づけない、強さを誇張する
・自分を開示しない、他者を受け容れない

■第４牧場「行き止まり、自閉」
・放棄、絶望、自閉、不信感、空虚感
・捨てられ置き去りの恐怖、疎外感
・愛されたいが近づくことが怖い
・力のある人に盲目的についていく
・自分から関係を壊す衝動
・自分を好きになれないが、他人も信用できない

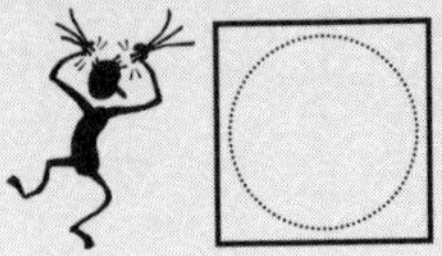

第四牧場は、私もあなたもOKではない

第四牧場は、「私もあなたもOKではない」ゾーン。枯れた牧草が生えています。第二牧場のような弱々しい破線の外に、さらに強固な守りがある。「消えてなくなりたい」というくらいの感情を抱くことがあるかもしれません。誰にだって時と場合によっては「消えてなくなりたい」という感情は湧き上がってくるものですが、通常、食べて寝て起きたら、忘れてしまいます。そうこうしているうちに第一牧場に移動していることになるのですが、第四牧場にずっと居続けると物理的にも閉じこもりがちになってしまいそうです。

あなたの心の中の牧場では、感情がまるで羊のようにうろうろしています。常にとどまっていることはありません。しかし、**対人想像力に不足が感じられる「問題社員〝未満〟」は、第一牧場以外の牧場に「居続けている」**ように思われます。

相手に揺さぶられる私を否定しない

なぜ「問題社員〝未満〟」と向き合うのがこれほどまでに苦しいのか。そのヒントの一つがこの牧場にあります。

例えば「問題社員〝未満〟」が失敗をしたとします。あなたは指導をしました。しかしまた同じ失敗をされてしまいました。あなたは別の方法で指導してみました。しかしまた失敗してしまった。その時「私は幸せだなあ。私の部下はこれほどまでに私に人を育成するというチャンスを与えてくれる」と思えたら何ら苦しくないわけです。「前も言ったのになぜわかってもらえないのかな」とイラッとしたり（第三牧場に移動）、「あの私の言い方が悪かったのかなとか」とクヨクヨしたり（第二牧場に移動）……「問題社員〝未満〟」と向き合う**難しさは、こちらの感情が揺さぶられる難しさ、羊の群れがかき乱されるという難しさ**です。

第二牧場に居続ける人は、こちらの羊を第三牧場に誘導します。逆に、第三牧場にいる「問題社員〝未満〟」は、第二牧場への移動を余儀なくさせます。案外、あなたは相手の誘いにまんまと乗っているのかもしれません。

相手が部下なのであれば、ある程度時間を奪われることは仕方がありません。それもまた上司や管理職の醍醐味というものです。しかし、「問題社員〝未満〟」は必要以上にこちらの時間のみならず、感情を奪ってしまいます。まだ目の前に「問題社員〝未満〟」がいる間だけの話ならよいのですが、自宅に帰って食事をしている時も、ベッドに入って寝る直前までも、あの「問題社員〝未満〟」との光景を思い出して、まだイライラした感情がずっとおさまらなかったり、くよくよした感情を引きずり続けたり、目の前に「問題社員〝未満〟」がいない時ですらあなたの感情が揺さぶられ続けていることがあるかもしれません。羊が同じ牧場で硬直化しているイメージです、こうなってくると、もう「問題社員〝未満〟」の責任ではなくて、あなた自身の問題です。「問題社員〝未満〟」の難しさはこれです。「問題社員〝未満〟」の人の生産性が上がらないことが問題なのではなくて、「問題社員〝未満〟」と向き合っている、「問題社員〝未満〟」よりもおそらく役割や給与が高いあなたの時間や感情を奪われていることこそが、組織全体としては生産性を落としています。

よく一般的に管理職は部下に対して「受容や傾聴、共感」が大事だと言われますが、「問題社員〝未満〟」と向き合う時に**まずしていただきたいことは、自分自身の感情に対する傾聴**です。あなたは「問題社員〝未満〟」と向き合う際、どの牧場に存在していることが多いですか？

何より、「問題社員〝未満〟」に対してイラっとしたりくよくよしたりすることを否定しないでください。少し時間を置いてからでも、第一牧場に戻れればそれでよいのです。逆にずっと第一牧場以外の牧場に居続けることは、この目の前の「問題社員〝未満〟」の行動変容につながらないどころか、あなた自身の心が飢餓に陥ってしまいます（栄養のない牧草を食べ続けることになる。最後にはそんな牧草すら食べ尽くしてなくなってしまう）。

揺さぶりが、働きやすさを阻害する

そもそも日本人は、「就職」していません。例えば職業を聞かれた時、職種ではなく社名を語る人が多いのではないでしょうか。実際私も、前職に勤務していた頃は、「株式会社△▽に勤めています」と申していました。しかし欧米の人に同様の質問をすると、「システムエンジニアをしています」「マーケティングの部門にいます」といったレスポンスをいただくことがほとんどです。そう、日本人は「就職」ではなく、「就社」しているのです。自分と職務以前に、企業や組織、職場と自分を結び付けて考えます。仕事とのマッチング以上に、職場とのマッチング、つまり職場メンバーとのマッチング、相性、心地よさが暗黙的に重要視されています。

欧米で「隣の会社はうちの会社より月給が五万円高い」ということがわかったら、簡単に転職されるかもしれません。しかし日本では「隣の会社はわが社より月給が高いようだが、この職場の仲間が大好きなので転職する必要はない」と考えたりします。逆に、多少給料を上げてもらったところで人間関係が悪い職場では働きたくない。各機関の統計を見ていても、新卒で入社する会社を選択する理由のトップは人間関係です。会社を辞める理由の一位も人間関係です。どれだけ人間関係が大事な国なのでしょう!

職場のメンバーそれぞれが、たまに第二牧場や第三牧場を行ったり来たりしながらも、第一牧場に立ち戻れれば、人間関係で悩まされている時間が少ないと考えることができます。たとえ瞬間的に第二や第三牧場に移動することがあっても、コミュニケーションが適切に行われていれば、自らの選択で第一牧場に戻ってこられます。しかし「問題社員〝未満〟」は、あなたを居心地のいい第一牧場から引きずり出してしまいます。OK&OKの関係性でいられれば働きやすい。しかし、そうでなければ働きやすさが奪われてしまっているのかもしれません。第二牧場、第三牧場に滞在している最中は、相手や自分の価値や能力、可能性を正当に評価できない状況でもあります。相手を過小評価している間は自分を過大評価していることになるし(第三牧場)、自分を過小評価している場合は、相手を過大評価しています(第二牧場)。自他をありのままに見るということは、簡単なことではなさそうです。

☑同じ牧場に居続ける「問題社員〝未満〟」が繰り返す行動パターン

タスク想像力の不足ではなく、対人想像力不足パターンの「問題社員〝未満〟」は、次に記載されている心理ゲームをよく行います。心理ゲームとは、相手を振り回したり振り回されたり、相手にちょっかいを出したり出されたりする時間の使い方。どちらが振り回されている側か、振り回している側かはよく観察する必要がありますが、この心理ゲームは、32ページで「六つの時間の使い方」の一つとして既にご紹介しています。

【再掲】ゲームの時間の使い方の特徴

・相手を自分の思い通りにコントロールしようとして行われる非生産的なコミュニケーション。相手にわざと嫌がらせや挑発をしたり、会話の〝どっかかり〟として皮肉めいた批判や意地悪な発言をしたりするような時間の使い方。
・心理ゲームとは「明瞭で……自我状態の転換と共に結末を迎え、一般的には後味の悪く、繰り返し行われる」と定義づけています。

心理ゲームの時間、当事者は互いの時間と感情を大いに消費します。心理ゲームが「ゲーム」と呼ばれる所以は、遊びのゲームにとても似ている要素があるからです。一つには、トランプでもすごろくでもデジタルゲームでも、私たちはいわゆる遊びのゲームを「繰り返し」行います。人と人とのトラブルも繰り返されがちです。そして遊びのゲームにはゴールや「あがり」があります。人と人とのトラブルも、そのゴールやエンディングに向かって進行していきます。つまりお互いが嫌な感情を味わって終わるという結末が待っています。どう考えてもよい方向に行きそうには思えません。それがわかっていながらも、私たちは、この心理ゲーム戦を止めることができないのです。

人は自分に不利益な行動は選択しません。心理ゲームを仕掛ける側には、何らかのメリットがあるのです。ゲームはゲームであることに早く気づくことが重要なのですが（「前にもこういうやりとりがあったな……」と思ったら、それはほぼ心理ゲーム）、この仕掛け人は一体、どんなメリットがあるのだろうと少し立ち止まって考えるようにしてみると、「問題社員〝未満〟」の仕掛ける理由が見えてくるかもしれません。ただ残念なことに、この「問題社員〝未満〟」のメリットは、組織の利益とは相反しているでしょうし、その短絡的なメリットを求めるがあまり、「問題社員〝未満〟」自身がトータルとして不利益な立場に置かれているということに本人が気づけていないのです（だから想像力の不足なのです）。

第三牧場に居続ける「問題社員〝未満〟」が起こす心理ゲーム

対人想像力不足型かつ第三牧場に居続けがちな「問題社員〝未満〟」が、この心理ゲームの仕掛け人として起こしやすい代表的なゲームが次のとおりです。

【参考】「他責的な排除パターン」は、そうは言っても成果を上げる

あら探し	・気にくわない相手の小さなミスも逃さず執念深く責め立てます。第三牧場エリアにいて、相手より上に立ちたいという構えです。
あなたのせいでこうなった	・仕掛け人も乗る人も双方に落ち度があるにもかかわらず、「あなたのせいで……」と他罰的に振る舞い、責任転嫁します。最初は第三牧場エリアにいるものの、責任が取れないことがわかると、自分の能力のなさを心底では理解しているので、第二牧場エリアの構えも持っています。
大騒ぎ	・相手に不快な刺激を与え、怒りの反応を待ちます。相手がこれに応じると「わたしだけを責める」と大騒ぎします。
さあ、とっちめてやるぞ	・相手の問題点や失敗（例えば、時間に遅れたり、約束を守らなかったり）など、できていないことを取り上げ、理屈や建前を言い立ててとことんやりこめます。

あなたを助けたい	・世話を焼き、親身になって、乗る人を救うポーズをとりますが、乗る人の意見は聞かず、独りよがりの援助を行います。
法廷	・問題を法廷に持ち込み、裁判で勝ち取ろうと、第三者に介入してもらいます。最初は公正を装いますが、自らが明らかに悪い場合でも、最終的に利益を得るために画策します。

（日本交流分析協会「1級テキスト」（二〇一一年第四版）68ページより作成）

例えば「あら探しゲーム」。他人のあらを見ている限りは、自分のあらは見なくて済みそうです。もしくは「他責ゲーム」は、他人を責めて他人を過小評価することで、結果、自分は過大評価されます。自分が知っているAさんとBさんが仲違いする方向に持って行く「仲間割れゲーム」。AさんとBさんが仲違いをしている限りは、自身は救済者でいられます。しかも、第三の立場にいるほうは無自覚です。「大騒ぎゲームアピール」は、火に油を注ぐようなイメージです。

何か心当たりはありませんか？　すべての共通点は、相手が第三牧場に居続けているという点です。第三牧場に居続ける人は、対峙する相手を第二牧場に誘引します。こちらは第二牧場のお決まりの感情（209ページ参照）を味わう罠にはまります。

第二牧場に居続ける「問題社員〝未満〟」が起こす心理ゲーム

一方、第二牧場に居続ける「問題社員〝未満〟」が起こしやすい代表的なゲームは次のとおりです。

例えば「キック・ミーゲーム」。〝みすみす〟安易なミスを繰り返すパターンです。こちら側は気をつけてと言う以上のアドバイスが思い当たりません。

【参考】「自責的な逃避パターン」は、そうは言っても一生懸命取り組む

キック・ミー	・遅刻をする、ものを紛失するなどのトラブルを何回も起こします。
はいでも	・相手に問題の回答を求めますが、求めに応じると、ことごとく反論します。その結果、相手に無力感を与えます。
間抜け	・ひんしゅくを買うことで、周囲の人の笑いや軽蔑を誘います。自分がピエロになることでストロークをもらえるので、しばらく第二牧場エリアにたたずむことができます。
哀れな私	・かわいそうな境遇を語り、相手から同情を獲得していきます。だんだんエスカレートして、私ほど哀れなものはいないとその悲劇に酔っていきます。

愚か者

・基本的に「私はOKでない」というアプローチで相手に仕掛けます。相手はいろいろ励ましますが、最終的に救いきれずに「お前はダメだ」と言わしめます。

（日本交流分析協会「1級テキスト」（二〇一一年第四版）67ページより作成）

実は以前、私の部下にこの「キック・ミーゲーム」を繰り返す人がいました。仮にTさんとしましょう。例えば「Aという資料をお客様に送っておいてください」とお願いしていたのに、後からBという資料が送られていたことがわかる。もしくは「Aという資料を十部用意しておいてください」というお願いをしたのにも関わらず、用意されていたのは八部だけ。もちろん本人にまったく悪気はないですから、指摘をすると「以後注意する」と言います。しかしまた同じミスを繰り返す。この時、私は少し記録をとってみることにしました。彼女がそのトラブルの種を仕込む時に一体、何が起こっているのかと原因を探ろうとしたわけです。しかし、どうしても共通点が見つからない。ところが二～三か月ほど記録をつけてみて気がついたことがありました。その部下がミスを誘導する時には、私がほぼ間違いなく別の部下Nさんをねぎらったり、ほめたりしている。これしか共通点が見つかりませんでした。私はようやく合点がいきました。「あぁ、ストロークが足りなかったのか」と。ストロークについては後述しますが、上司に構ってもらうためにはほめられるような行動をすればいいのですが、それにはあまりに時間がかかります。手っ取り早いのは、指導される行動をとればいい。もちろん本人は指導されることを望んでいるわけではないのですが、深層心理では「上司に構われたい」という彼女の目的は達成されます。そこでNさんをねぎらったような時にはあえてTさんにいつもの5割増しぐらいで声をかけてみることにしてみました。もちろんほめる理由もないのに無理をしてほめるというのではなくて。例えば彼女の趣味の話をしてみるとか週末の出来事について話してみるとか、他愛もない些細なやり取りです。するとです。ささやかにミスが減少し始めました。私は彼女とキック・ミーゲームを繰り返していたことに気がついたのです。

このような学びをしている私でも気がつくまでに時間がかかります。ですから、166ページでもお伝えしたように、「問題社員〝未満〟」の場合には、その原因を探ろうとしないほうが得策です。簡単にわかるわけではありません。問題解決の定石は、対策の前に原因をつかむことだと言われますが、人間に関する問題は、原因は容易にわからないことの方が多いかもしれません。ですから、「なぜだろう」ではなくて「どうすればいいのか」と対処に走ったほうが良さそうです。

続いて「完璧・徒労ゲーム」。頑張ります。やってみますと。声だけは勇ましく元気なのですが、実際に成果にたどり着くことはあまりありません。頑張っている姿を見せ続けることに価値がありそうです。もしくは「はいでもゲーム」。海外では「yes、but ゲーム」と言うようです。文化や言葉の違いはあれども、同じ人間として起こりうるトラブルが同じであるということは興味深い話です。第二牧場に居続ける人は、対峙する相手を第三牧場に引きずりこみます。こちらは第三牧場のお決まりの感情を味わう羽目になります。これが、対人想像力不足型の「問題社員〝未満〟」が「問題」である所以です。

いずれにしろ、まず繰り返しパターンがあれば、心理ゲームであることに気がついてください。**ゲームはゲームであることに気付くだけで半分解消されます。**なぜなら、あなたが「第一牧場にいよう」という意思を持って対応することができるからです。

心理ゲームに時間を消費し過ぎない

「ワーク・ライフ・バランス」の重要性が当然に指摘されていますが、時間の長さは誰にも変えられません。病める者も富める者も一日は二十四時間です。一週四十時間、一日八時間の労働時間ルールは増減できるものではありません。ましてや人生の長さは誰にも決められません。それぞれの寿命があります。しかし時間の長さは変えられなくても、時間の深さは変えることができます。同様に職場での労働時間の長さは変えられなくても、時間の使い方やその時間の深みは変えることができます。

あなたの組織では、周囲の方々は一体何にエネルギーを使っていますか。逆に何にもっとエネルギーを使いたいと思っているでしょうか。「問題社員〝未満〟」と向き合うあなたは、組織における日々の時間の使い方の中で職場の「心理ゲーム」のウエイトが高い可能性があります。「問題社員〝未満〟」が心理ゲーム戦を周囲の人にもちかけるからです。もちろん本人にそんな意識はありません。周囲だってそんなゲームを持ちかけられた認識はないのです。だからこそ、ゲームは何度も繰り返され、職場メンバーの時間泥棒を始めます。

労務管理面から「ワーク・ライフ・バランス」を実現しようとするならば、労働時間の短縮、残業の軽減はもちろんですが、社員の労働時間の質を変える、という観点も重要です。

ささやかなゲームなら、毎日のように職場や家庭で繰り広げられているものです。誰しもが牧場間の柵を越えてウロウロしながら生きています。第一牧場以外では、ネガティブな感情を味わいます。しかし身体が傷つけられた時に痛みを感じるから私たちはそれを治療することができるように、心が痛むのはその痛みに気が付いて対処をするために不可欠なことです。牧場間をウロウロすることを否定せず、もし痛みを感じたら自分がどの牧場にいるのかを俯瞰して考えてみてください。最初に重要なポイントは、相手をどうこうしようとするのではなく、**自分に対する気づきと応急処置**です。

心の根底にある「強がらなければならない自分」

まず、第三牧場に居続ける「問題社員〝未満〟」が起こす日々のささやかな心理ゲームへの対処を事例を通じて考えていきましょう。

状　況

・あなたは入社半年が経過した新入社員／鈴木さんです。
・入社以来、現職場で業務に携わってきましたが、自分の段取りと要領の悪さがたたって、ここのところ残業しなければならない日も増えています。同期入社の佐藤さんが「仕事に慣れてきて楽しい」と話しているのを聞いて、少し落ち込んだ気持ちになっています。
・今日、上司の課長と2か月に一度の「ワン・オン・ワン」の時間があったので、次のように話し始めました。

「最近、どうも納得できないことがあるんです。この部署は、他の部署に比べると、かなり忙しくて体力的にもきついです。仕事が追いつかず、休みは少ないし、なんだか損しているように思うんです」

このワークはある管理職研修の中で使われていたもので、この状況設定を元に、参加者が二人一組で「上司／佐藤さん」と「部下／鈴木さん」役に分かれてロールプレイングをするというものです。部下役側がこのシチュエーションを前提に上司役に相談を持ちかけるというもの。上司側にはこの状況設定は情報提供されます。そして部下役側には次のシートが追加で配られます。ここには相談を持ちかける部下側の「真意」が綴られています。上司役が部下側に設定されている真意を汲み取ったら、ロールプレイングの流れでこの真意を伝えてもいいということが、部下役側だけに伝えられます。

・私はどうもこの仕事に向いていないのではないか…
・要領の悪さからか、一つ先輩の田中さんの態度も冷たく、挨拶しても返してくれない。職場の人間関係もうまくいっていない。私は新人だからうまくいかないところがあるのも仕方ないと思うが、このままでは、仕事も面白く感じられない。
・最近は誰にも認められていないような気がする。上司が自分を認めてくれたら、また頑張れる気がする。

そして五～十分程度ロールプレイングで対話演習が開始されます。時間がきたら最終的に、部下役は上司役が自分の気持ちを聞いてくれたかどうかでその上司役の面談をジャッジ。「このわずかな時間で、結論までは見出せなかったかもしれないが、この上司と引き続き話をしていると問題が解決しそうだとか、ちょっとすっきりしたなとか……上司役の方の対応はよかったと思える部下役の方は挙手ください！」といった具合です。

上司役に問われているのは、受容や傾聴、共感ということでしょうか。上司が口を挟まずに聞くことで、部下のシーンを徹底的に語らせるということがファーストステップ。だから上司役が傾聴に徹するということ、併せて受容や共感ができているかということの確認のワークだったというわけです。

ここで既にお気づきの人がいるかもしれません。この部下役はまさに、第三牧場にいます。一時的にいるのか継続的に居続けているのかわかりませんが、先輩の田中さんを過小評価する発言をしています。「私は悪くない。挨拶を返してくれない田中さんが悪い」「自分は新人だから容量が悪いのは仕方ない」という思いが根底に見受けられます。

ここで上司役として一番やってはならないことが、「挨拶に対する応答がないなんて、それはとても悲しく感じるね」などと、この田中さんを責めている「ところ」に共感してしまうことです。第三牧場で暗に人を責めながらも表面的には悩んでいるような人を前にすると、人は「ここでは慰めてあげないといけないよね」「ここでやさしい言葉をかけてあげられない私はダメな人だよな」と第二牧場に足を踏み入れます。まんまと相手の策略に乗ってしまうわけです。確かに上司が部下に共感することは大事かもしれませんが、ここで部下に共感をしてしまうと部下は「自分が悪くない。田中さんがやっぱり悪かったんだ」というその思いをさらに強化させることになり、第三牧場にいることを正当化できます。「部下には共感をしよう」という学びをもう一歩進めてください。つまり**部下に対しては「共感してよ**

い場合」と「共感してはならない場合」があるのです。

絶対的な学問はない

学問には使い分けが大事です。なんでもかんでも上司が語るのではなくて、部下に考えさせたり、部下に問いかけたりするアプローチは確かに大事です。しかし、それは平穏無事な日常時におけるマネジメント。総合病院の救命救急に血だらけの患者さんが担架で担ぎ込まれてきたとしましょう。そこで執刀医が技師や看護師に向かって「みんなどうしたらいい？」と尋ねたら、周囲は驚くことでしょう。こういう時は「みんな絶対助けるぞ。力を貸してくれ」と強烈なリーダーシップを発揮していただく必要があります。非日常時は傾聴している場合ではありません。緊急事態の時にはリーダーの強烈な導引が求められます。

以前こんなこともありました。ある大手企業で管理職全員にコーチング研修を実施したという話を聞いていました。たまたま私はその会社の入社三年目の方と話をする機会があり、「人事の方から最近、上司がコーチング研修に参加されたとお聞きしたのだけど、最近あなたの上司は何か行動に変化がありましたか？」と尋ねてみました。するとその三年目社員の方がおっしゃいました。「なるほど、それでわかりました。最近、上司がニコニコしながら近寄ってきて、やたらと疑問形でものを言うようになったのです。何があったのかなと思っていたのですがそういうことでしたか」と。コーチング研修で「部下には答えを言うのではなく問いかけましょう」ということを学んだので、上司は何でもかんでも問いかけ始めたというわけです。とてもまっすぐで愚直な上司像が浮かびますね。

学ぶことはとても価値があることです。素手では戦えないので、槍や刀や鉄砲や防具を手に入れるようなものかもしれません。それはまるでロールプレイングゲームで、村人からラッキーアイテムを集めながら前に前に進んでいくような勇者のイメージです。しかしアイテムは使い分けましょう。とても効力を発揮する場合もあれば、何の役にも立たない場合もあります。それどころか、刀を手に入れたことが嬉しくてつい振り回しすぎてしまい、気が付いたら周りの味方たちを傷つけることになりかねません。

先のロールプレーイングでは、部下が松田さんを責めている。その気持ちに共感することは刹那な癒しにはなるかもしれません。しかし、その癒しの代償として、部下側の問題行動をエスカレートさせてしまう可能性を含んでいます。

共感する前に、事実確認

ではどうすればよかったのでしょうか。もちろん最初に口を差し挟まないで傾聴することは大事ですが、部下役の方が松田さんを責め始めたところで、まず徹底した事実確認が必要でしょう。例えば「具体的にどういう状況であったのか?」「他に誰かその様子を見ていなかったか?」「その事実の前後には何があったのか?」「前にも同様のことがあったのか?」「その時、あなたはどんな気持ちになったのか」「次に同様のことがあったら、どんな対応が考えられるか」と事実確認をしながら、決してむやみに共感をするのではなく「聴く」のです。「問題社員〝未満〟」が松田さんを責めているうちは共感するタイミングではありません。しかし聞いているうちに、例えば部下が「まあ、自分の言い方もちょっときつかったかもしれない」などと自分にベクトルが向いた発言があった瞬間に、例えば「そうだね、自分ができることがないか、一緒に考えてみよう」「そうだね、こちらができることを考えようとしている姿勢は素晴らしいね。それを実行できたら素晴らしいね」という具合に、しっかり肯定的なストロークを浴びせてあげてください。自己変容をしようとする気持ちに共感したり、支援の声をかけたりすることはOKです。自分が相手を貶めなくても、自分の弱さをさらけ出しても、それでもプラスのストロークは与えられることを経験させてあげてください。第三牧場から第一牧場に誘導するのです。

もしかしたら聞いているうちに「それは違う!」と言いたくなったり（同じ第三牧場で話をする状況）、こちらが責められているような気持ちになったりするかもしれません（すなわち第二牧場に飛ばされそうになってくる）。しかし、こちらが部下を簡単に変えられないように、部下もこちらを簡単に変えることはできないはず。部下の話を聞いている自分には、自分で自分に自己肯定を出し続けること（第一牧場エリアに居続けること）を大切にしてください。

極端な事例でお話ししたほうがわかりやすいかもしれないので、少し極端すぎるかもしれないですが、別のたとえを使ってみます。例えば、小学生の息子があなたにこう言ってきたとしましょう。「お友達のKくんが、僕の絵のことを下手って言ってきたんだ。あいつなんかいなくなっちゃえばいいのに」。まさかここで共感して「そうだよねえ、いなくなっちゃえばいいよね」と、あなたはおっしゃらないはずです。これが共感してはならないことがあるということです。ここでも、まずは「いま、あなたはとても傷ついているのね」と受容した上で、「どんな状況で言われたの？」「ほかに誰かが聞いていた？」「前にもこうしたことはあったの？」「その時、K君はどんな様子だった？」といった事実確認が必要です。

第三牧場にいる「問題社員〝未満〟」には、第一牧場からアプローチを

先のワークの部下役のように、第三牧場にいる他者否定の態度は、他者を「過小化」することで自分を「過大化」することにつながっています。謙虚さが欠如し、他者の意見を受け入れにくい他責的な状態でしょう。他者に強い疑惑や反感を抱く一方、自分は苦労や犠牲を

強いられてきたと感じているかもしれません。つまり、心の根底的には「強がらなければならない、真に自分を認められない自分」の存在が見て取れます。もちろん、誰しもが「自己肯定、他者否定」の状況に陥ることはありますが、ここでは「頻繁に」もしくは「継続的に」その状況である場合、ということになります。第三牧場に居続ける「他者否定」的な「問題社員〝未満〟」の場合、現場では往々にして、下記のような表出をしていることでしょう。

- 自分の行動やミスに対する責任を取らずに、何か問題が起こったり、うまくいかないことがあったりすると、それらをすべて他人や環境のせいにする。
- 自分の行動に対して責任転嫁（責任回避）したり、自分のミスや短所を棚に上げて他人を厳しく非難したりする。
- 無責任な言動や他罰的な振る舞いによって、最終的には周囲に嫌われ、孤立する。
- どうでもいいような相手の些細なミスや失敗、欠点を探し出して、相手を非難する。
- 上司からの指摘に対して、むしろ上司の挙げ足をとる。
- 他者の「粗探し」をすることで、自分を正当化、自己肯定する。
- 相手に対して指示や援助を求めつつも、相手がアドバイスや助言をしてくると、「はい、でも」という反対意見や不同意を述べる。
- 相手がどんな意見や提案を出しても、それに従わない反論や言い訳をしてくるので、相手はうんざりしたり無力感にとらわれたり感情的に怒ってしまう。

（特定非営利活動法人日本交流分析協会「交流分析士２級テキスト」（二〇〇七年七月）から作成）

こういう状態が続いている部下は、いわゆるスタック状態（動けない、動かない）。まるで血がのぼった真っ赤な顔色状態です。これでは積極的な育成アプローチが非効果、むしろ逆効果。赤色には赤色で接するのではなく、冷静な青色で接するイメージです。相手が赤色だとこちらも赤色になりやすいのですが、こちらが赤色でいる限り相手は青色にはなり得ません。「育てる」ことに到達するまでに、まずは「育てられる状態」にもっていくことが必要です。

こうした他者否定の態度は、結局、他者を「過小化」することで、自分を「過大化」することにつながっています。謙虚さが欠如し、他者の意見を受け入れにくい他責的な状態でしょう。他者に強い疑惑や反感を抱く一方、自分は苦労や犠牲を強いられてきたと感じているかもしれません。つまり、心の根底的には「強がらなければならない、真に自分を認められない自分」の存在が見て取れます。もちろん、誰しもが「自己肯定、他者否定」の状況に陥ることはありますが、ここでは「頻繁に」もしくは「継続的に」その状況である場合、ということになります。

「弱い自分を認める」強さを持たせよう

具体的には、冷静な状態でよく部下の話を聞くことが必要です。評価を加えず徹底して聞くこと。聞いてもらっているうちに、部下は自分で語り出しますし、自己完結していきます。他者否定の中に、少しでも自己を客観視したり、自己否定的な言葉が出てきたりした時をとらえて、それ自体を認めてあげる言葉をかけます。自己否定的な自分でも大丈夫なのだという安心感を得ないことには、このタイプの部下は前に進めません。

もしかしたら聞いているうちに「それは違う」と言いたくなったり、こちらが責められているような気持ちになったりするかもしれません。第二牧場に移動して、「私はＯＫではない」のネガティブ感情を味わっている状況に陥りかけます。しかしこちらが部下を簡単に変えられないように、部下もこちらを簡単に変えることはできないはず。部下の話を聞いている自分には、自分で自分に自己肯定「私はＯＫ」を出し続けることを大切にしてください。

ここに十の文章が並んでいます。各文章読んでいただいて、「共感できる。同感だ」と思われた文章には、設問番号に「〇」をつけてみてください。逆に「共感できない。そうとは思えない」という文章には「〇」をつけない。あなたの考えで取り組んでみてください。

【参考】日本人に多い「非合理な信念」

✓ すべての人に愛されなければならない。
✓ 事をなすには、完全無欠であらねばならない。
✓ 人を傷つける人は、人から責められるべきである。
✓ 思い通りにならないと、頭に来るのは当然である。
✓ 人間は、外界の圧力で落ち込んだり腹を立てたりするものである。
✓ 何か危険が起こりそうな時は、心配するのが当然である。
✓ 困難や責任は、立ち向かうより避けるほうが楽である。
✓ ものごとはうまく運ぶべきで、直ちに最良の解決策を見出さねばならない。
✓ 過去は重要であり、感情や行動に、今も影響を及ぼしているのは仕方ない。
✓ 人の拒否・非難にあったから、自分はダメな人間である。

（筆者が二〇一〇年一月～四月に受講した「交流分析講座二級」でノートに記載したもの）

いかがですか。いくつの文章に「〇」がつきましたか？　多い人では七～八個の「〇」がつく人もいます。一つも「〇」がつかない人もいます。

この十の文章、77ページで取り組んでいただいた、**【非合理（非論理的）な信念】**の「OK牧場版」とでもいえるものです。④思い通りにならないと、頭に来るのは当然である？

いいえ、思い通りにならないときには、必要な問題解決行動をとることもできます。⑥何か危険が起こりそうな時は、心配するのが当然である？　心配している暇があれば、粛々と準備を始める人もいるでしょう。

「人が困っていたら親切にしなければならない」「人は人に愛されなければならない」……という信念を持っている場合は、第二牧場にかなり入り浸っているかもしれませんよ。

あなたは与えている？　受け取っている？　求めている？

それにしても、対人想像力不足型「問題社員〝未満〟」はなぜ、こんな心理ゲームを仕掛けるのでしょうか。ひとつには**「ストローク不足」**が指摘されています。

まず、「ストローク実験」を紹介しましょう。猿の赤ちゃんを三匹用意します。最初の赤ちゃんは母さん猿と一緒に檻籠に入れます。次は赤ちゃんだけを檻籠に入れますが、母さん猿が一日に一回出入りをします。最後はその赤ちゃん猿のみ。母さん猿との接触は一切ありません。さあ、それぞれどうなったと思いますか？

最初の赤ちゃんは、一定期間経った後に猿山に戻してやると普通に戻っていきました。二番目の猿も一定期間経った後で猿山に戻してやると戻ってはいったらしいのですが、その後ちょっとした問題児猿になりました。問題は三番目。実はその実験においては、実験開始後

ストローク・プロフィール・チェックシート
（記入シートは次ページ、グラフは242ページ）

（「交流分析士2級テキストTAシート」
第3版（2007年7月）TAシート3-④〜⑦より）

二日で赤ちゃんは死んでしまいます。死後、解剖をすると、脳の中に「ス」が入っている状態であった、つまり脳の中に空洞が散見されたそうです。すなわち、心の傷は脳の傷になる……人は、否、動物はストロークなしには生きてはいけないということが明らかになる実験でした。

実は心理ゲームを仕掛ける側の仕掛けるメリットの最たるものが、このストロークの獲得です。たとえネガティブなものでも、飢餓状態よりはましです。ネガティブストロークの収集を始める言動を、ほぼ無意識に行っています。

ここであなたのストロークを測定してみましょう。次の診断に取り組んでみておいてください。それができたら、それぞれの列の数字を縦に縦に足し算をして、八つの数字を出してください。

設問の答えが「イエス」ならば2、「ノー」なら0、「どちらともいえない」なら1を記入してください。

なお、「どちらともいえない」は、できるだけ少なくしてください。そして次に、その八つの数字を使って242ページのようなグラフを書いてみてください。イ・ハ・ホ・トは上にグラフを伸ばします。ロ・ニ・ヘ・チは

2　人間関係で「未満」社員の特徴

ストローキング・プロフィール・チェックシート

設問の答えが「イエス」ならば2、「ノー」なら0、「どちらともいえない」なら1を記入してください。

なお、「どちらでもない」は、できるだけ少なくしてください。

No	設　　問	イ	ロ	ハ	ニ	ホ	ヘ	ト	チ
1	挨拶は気持良く先にするほうだ。								
2	相手を批判したり責めたりすることがある。								
3	好意の贈り物は遠慮せずに受け取る。								
4	叱られると、陰鬱な気持ちになる。								
5	「お腹がすいた」などの催促をよくする。								
6	相手を怒らせるような言動をしてしまうことがある。								
7	挨拶を返さないことがある。								
8	不正があっても見て見ぬ振りをすることがある。								
9	微笑みは絶やさないようにしている。								
10	どちらかというと厳しい顔つきで対応する。								
11	励ましの言葉は素直に受け入れる。								
12	皮肉な言動によく悩まされてしまう。								
13	わからないことがあれば、誰にでもすぐ聞く。								
14	遅刻などまずいことを繰り返してしまう。								
15	素直にお礼が言えないことがある。								
16	相手の間違った考えを正さないことがある。								
17	ルールや規範は相手にわかりやすく説明する。								
18	ルールや規範を守るように厳しく言うほうだ。								
19	挨拶されたら、微笑みを添えて応えている。								
20	厳しい顔つきをされると近寄れない。								
21	友達によく電話をかけるほうだ。								
22	「こじれた対話」を繰り返してしまう。								
23	困っている人がいても見て見ぬ振りをしてしまう。								
24	子どもがいたずらしてもあまり叱らない。								
25	相手が納得するように注意するほうだ。								
26	尊大な態度でビシッと注意してしまう。								

27	相手の好意には心からお礼を言う。								
28	注意されると素直に受けずに反発してしまうことがある。								
29	困ったことがあると、すぐ助けを呼んでしまう。								
30	すぐ弱音を吐いてしまう。								
31	「よかったね」等、相手を労う言葉が素直に言えない。								
32	間違った言動をあまり注意しない。								
33	困っている人がいたら援助を惜しまない方だ。								
34	気に入らなければ大きな声でなじってしまう。								
35	ほめられたら、素直に喜びを表現するほうだ。								
36	相手の言動に威圧され消極的になりがちである。								
37	初対面の人でもすぐに仲良くなるほうだ。								
38	悪戯をして周囲を騒がすことがある。								
39	ほめるべき時に、相手をけなしてしまう。								
40	積極的に暴力を止めようとしない。								
41	若手には励ましの言葉や手紙を送るほうだ。								
42	お節介が過ぎてうるさがられてしまうことがある。								
43	嬉しいときは、体全体で喜びを表してしまう。								
44	乱暴な言動に、身動きができなくなってしまう。								
45	新調の服を着ると、仲間の意見を聞きたくなる。								
46	つい、泣き言を並べてしまう。								
47	慰めるべきときに、小言を言ってしまう。								
48	疑いがあっても晴らそうとしない。								
49	責任のある発言を心がけている。								
50	皮肉な言い方で相手を混乱させることがある。								
51	儀礼的な挨拶でも、感謝の気持ちを忘れない。								
52	苦情を持ち込まれるとうろたえてしまう。								
53	自分の作品の評価を周囲から得たくなる。								
54	無謀な行動をして痛い目にあうことがある。								
55	教えるタイミングを逸してしまうことがある。								
56	喧嘩を止められずに傍観してしまう。								

2　人間関係で「未満」社員の特徴

57	物事は相手の都合もわきまえてすすめる。								
58	独断宣言的な言い方をしてしまうことがある。								
59	注意されたことを好意的に受け取るほうだ。								
60	否定的な言動には、感情を出して応戦してしまう。								
61	淋しくなると、買い物などで気を紛らす。								
62	悪口を言って相手を怒らせることがある。								
63	励ませば勇気が出る時期を逸してしまう。								
64	先行き悪化傾向にあっても処置がとれない。								
65	間違いや不正は誠意をもって立ち向かう。								
66	間違いや不正は厳しい口調で正すほうだ。								
67	相手の気持ちに共感するように聴いている。								
68	気に入らない話の腰を折ることがある。								
69	何でも話せる友人を持っている。								
70	相手の弱みにつけ入ってしまうことがある。								
71	相手の関心事に興味がない素振りをしてしまう。								
72	弱いものいじめがあっても、素知らぬ振りをする。								
73	悲嘆に暮れている人に心からの援助をする。								
74	些細なことでも厳しく叱ってしまうことがある。								
75	なぜ叱られたかがわかれば、すぐ改める方だ。								
76	批判されると、いつまでもクヨクヨしてしまう。								
77	両親や家族に何でも相談できる方だ。								
78	消極的な言動で、周囲を困らせてしまうことがある。								
79	年中、よい顔ばかりはしていられないと思う。								
80	誤りを繰り返しても注意できない。								

総合計

イ	ロ	ハ	ニ	ホ	ヘ	ト	チ

(90の設問の解答をイ、ロ、ハ、ニ、ホ、ヘ、ト、チ別に集計し、総合計の各欄に記入して下さい)

【事例】

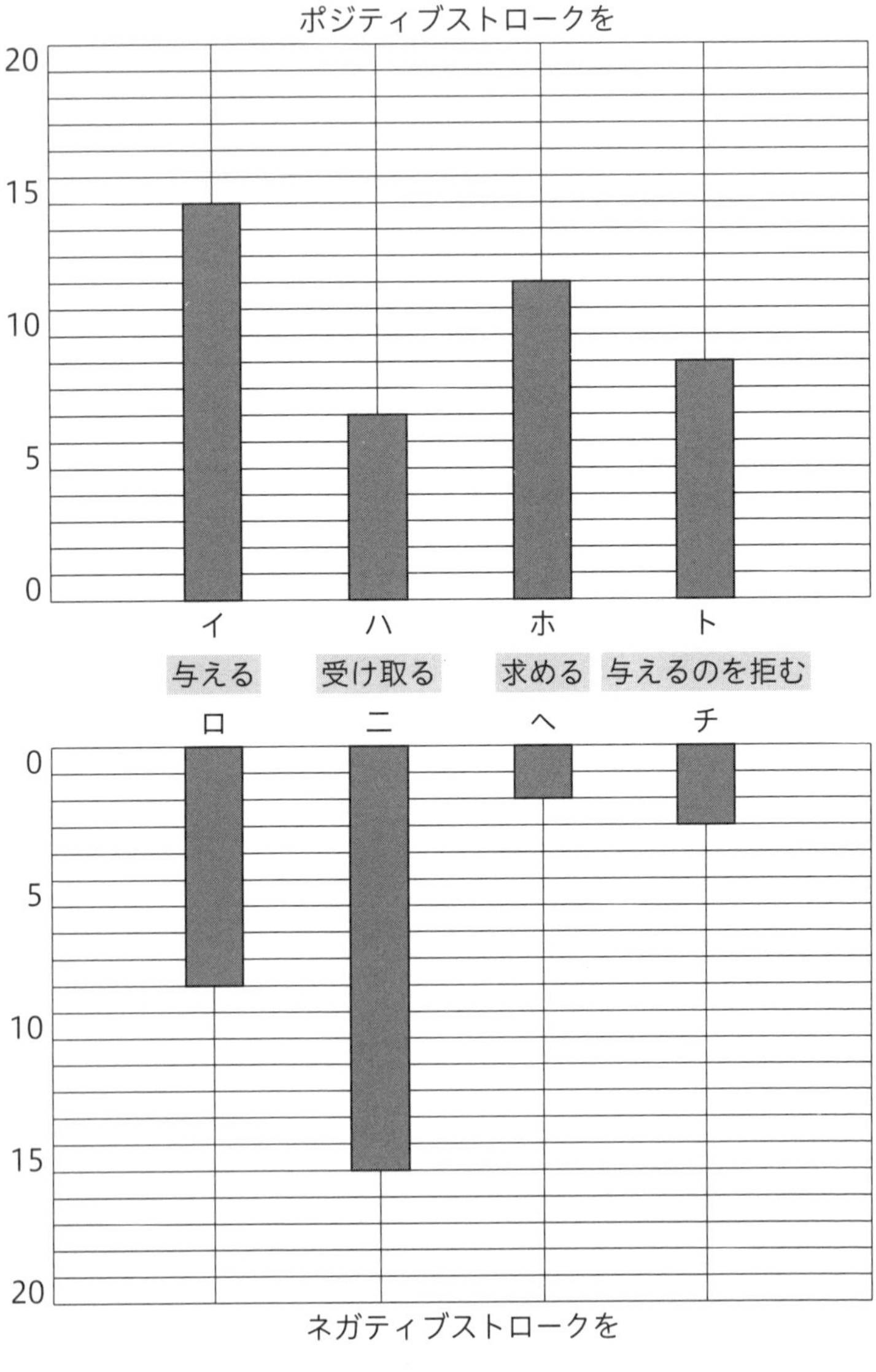
ポジティブストロークを
20
15
10
5
0
イ
ハ
ホ
ト
与える
受け取る
求める
与えるのを拒む
ロ
ニ
ヘ
チ
0
5
10
15
20
ネガティブストロークを

下に伸ばしてください。

最初のイとロは、あなたがストロークを「与える」量です。イはポジティブに、ロはネガティブに。与えることが苦手な人もいれば、得意な人もいます。いくらポジティブに与えていても、ネガティブにも与えていたら相殺されます。しかし、ポジティブもネガティブもないよりはまし。前述のストローク実験からわかるように、何もなければ何かがなくなります。

続いて、ハとニはあなたがストロークを「受け取る」量。ハはポジティブに、ニはネガティブに。受け取るのを拒む人がいます。謙遜文化の表れでしょうか。もしくは、ネガティブを受け流さず。まともに受け取る人もいます。

ホとへはあなたがストロークを「求める」量です。ホはポジティブに、へはネガティブに。欲しいなら欲しいと真正面から伝えればいい。子供はネガティブに求めることがよくあります。悪戯をして母親に叱られたりする。しかし、その子は「母親の関心をこちらに向ける」目的を達成していたりします。

最後にトとチはあなたがストロークを「与えるのを拒む」量です。トはポジティブに、チはネガティブに。成長につながる行動を改善するための建設的なストロークや、打算のない真摯なフィードバックを与えることは否定されるものではありません。

できれば、与えることも受け取ることも、求めることもしっかりポジティブに発揮してください。イ・ハ・ホ・トは二十点を目指していただいて結構です。ロ・ニ・ヘ・ト・チはゼロならゼロでＯＫ。

誰しもが、ストロークに癖をもっている

与えないのに受け取れる人がいます。ネガティブばかり真《ま》に受ける人もいます。求めているのに受け取れない人がいます。受け取ってばかりで与えられない人がいます。与えられるのにそれを拒む人もいます。発達心理学において人は十二歳くらいまでにある程度のストロークの癖を身につけると言われています。癖があるなら知ることからです。貧乏ゆすりをしている人は、自分が貧乏ゆすりをしている事実を認識しなければ、それを直すことはできません。

部下とのコミュニケーションをどうすればいいかなんて、もうあなたは知っているはずです。コミュニケーションにおいては自分の考えや気持ちは伝えればいいのです。相手の意見や思いを聞けばいいのです。そんなことは小学生の頃から学んできたはずです。

しかし伝えられない人もいれば、伝えたくない時もあります。伝えられない状況もあるでしょうし、伝えることを邪魔するものが心をよぎることもあります。聞けない時もあれば、聞けない対象もいます。この人との話だけはどうしても聞きたくないという相手がいること

は否めません。「こうすべき」ではもはや何も変わりません。「こうすべき」で行動変容できるのであれば、これほどまでに多様な種類のダイエット本は刊行されないことでしょう。目標体重○○キロを掲げたところで、実際に体重計に乗って現状を目の当たりにしない限りは、問題の大きさがわかりません。現状に「気づく」ことの重要性は、「問題社員〝未満〟」対応に大きく影響しますので、のちほど**第5章**で触れることにします。いずれにせよ、まずは自分のストローク癖を知ることから始めてみてください。そして何よりあなたに癖があるように、**「問題社員〝未満〟」にもその人独自のストローク癖がある**ということを認識しておいてください。

なお、誤解なきよう。ネガティブなストロークをネガティブに受け取る人がNGというわけでもありません。このストローク癖を持っている人は、ネガティブなストロークをネガティブに受け取るときの感情がわかるだけに、「こんな言い方をすると相手はつらいかな」などと相手に配慮することもあるでしょう。ところが相手はネガティブなんてまったく聞き流しているストローク癖の持ち主かもしれません。逆にネガティブを受け取ることなく聞き流せる上司が「そんなことくらいでいちいち落ち込むなよ」と励ますつもりで笑い飛ばしたことを、ネガティブ受け取り癖をもっている部下がまともに食らっている場合もあり得るでしょう。

コミュニケーションにおいて、「受け取る」ことは大切です。しかしもっとポジティブを受け取る意識をしたほうがいい人もいれば、ネガティブをもっと受け流したほうがいい人もいるのです。癖があるのは何一つ悪いことではありません。人は損をすることはしません。損得勘定で動く部分は多大にあります。その癖があることがおそらく、自分の生きやすさにつながっていることもあったはずです。

ストロークは貯めない、小出しにしよう

ストロークは、水にたとえるとわかりやすいかもしれません。どんなにおいしい水があっても、喉が渇いていなければこれを飲もうとは思いません。しかし、餓死寸前ほどに喉が渇いているのに飲むものがなかったら、ドブ川の水でも飲まざるを得ません。カビの生えたパンにたとえてもいい。人は飢餓状態にあると、そんなものでもお腹を満たそうとするのです。

最近、あなたが部下にどれだけ接触したのかを思い出してください。コミュニケーションは長さではなく頻度です。一時間の商談を一回するよりは、十分の商談を六回積み重ねる方が、お客様との信頼関係は形成されやすくなります。同様に、月に一度、部下と飲ミュニケーションで三時間、酒を注ぎ合いながら愚痴を言い合ってもいいのですが、接触は一回で

す。それよりは一分でいいから毎日部下に声をかけることのほうが、部下からすれば、「上司とコミュニケーションがとれている」という気持ちになるものです。

中には「直行直帰が多くて、部下の顔を見る機会も少ない」という場合もあるでしょうが、「お疲れ」と書いた付箋を机に張っておくことでも、それはストロークになり得ます。

ストロークの連鎖は上司側からつくればいい

もう少し、人間関係の形成の基盤になっているストロークについて続けます。ストロークにはいくつかの種類があります。

【参考】ストロークの種類

肯定的なストロークと否定的なストローク	・その人を認めるようなストロークを与えればそれは肯定的なストロークを与えたことになります。相手をほめる。やさしく抱く。などの行為は肯定的なストロークです。 ・逆に、相手を叱る。殴る。などの相手を否定するようなストロークは否定的なストロークです。もちろん、人は肯定的なストロークを求めています。
身体的な	・体に触れるようなストロークは身体的なストロークです。なでる。さする。たたく。蹴る。等の行為を相手にすれば、身体的なストロークを与えたことになります。

ストロークと精神的なストローク	・一方、言葉や態度で相手のことを評価すればそれは精神的なストロークになります。叱ったり、ほめたり、一緒に喜んだり、一緒に悲しんだりしたら、精神的なストロークを与えたことになります。 ・言葉で告げられる精神的ストロークよりも、ハイタッチのような身体的なストロークのほうが受けた時うれしいものです。
条件付のストロークと無条件のストローク	・何かの条件を満たしたことでストロークを与えれば、条件付きのストロークを与えたことになります。例えば百点取った子供をほめてあげるということは、百点を取ったという条件がついているので条件付きのストロークです。行動に対して送られます。 ・一方、あるストロークを何の条件もつけずに与えれば、それは無条件のストロークを与えたことになります。存在に対して送られます。 ・もちろん、無条件に与えるストロークのほうがよいストロークですね。

（特定非営利活動法人日本交流分析協会「交流分析士２級テキスト」（二〇〇七年七月）より）

まずは、ポジティブストロークかネガティブストロークかという種類があります。ポジティブもネガティブも三人先まで影響するという統計があります。例えば職場で上司が部下を労らって、機嫌がいい部下が帰宅して奥様に感謝の言葉を伝えられて、機嫌のいい奥様がいつもより子供の話をたくさん聞いてあげられて、機嫌のいい子供が学校でちょっぴりお友達に親切な行いをする。ポジティブストロークの連鎖です。逆に、職場で上司が部下を罵倒して、機嫌が悪い部下が帰宅して奥様に八つ当たりして、機嫌の悪い奥様がいつもより子供の話を聞いてあげられなくて、機嫌の悪い子供が学校でちょっぴりお友達に意地悪な行いをする。ネガティブストロークの連鎖です。となると、一番苦しいのは、誰からも与えられていないのに、ポジティブストロークを与え始める人ということになりますね。家庭で、職場で、誰かがそのポジティブストロークの連鎖を起こし始めることが重要です。挨拶は部下側からするものだなどという固定概念は捨てて、上司側から部下に挨拶をすればいいのです。「問題社員〝未満〟」にこそ、普段からポジティブストロークを浴びせてみませんか（ささやかな挨拶でOK）。ちなみにネガティブなストロークのほうが、ポジティブなものより二倍速く伝わるそうです。ネガティブなストロークの与える影響の大きさを痛感します。

育成には条件が付くから、先に無条件で信頼形成を

続いての種類は、身体的なストロークと精神的なストロークです。子供が泣いているときに一生懸命「落ち着いて、泣かないで」と言葉で諭すよりは、ぎゅっと抱きしめてあげるだけで伝えられるものもあります。握手やハイタッチは身体的なストロークです。体が疲れて

いるときにマッサージを受けると、心の疲れも取れるような気がしますが、これも身体的なストロークです。家族に犬や猫がいる方にとって、彼らは人間にたくさんの身体的なストロークをくれる存在であることでしょう。いわゆるアニマルセラピーです。とはいえ、男性上司が女性部下にやたら身体的なストロークをするとセクハラになりますからご注意あれ。

そして何よりお伝えしたいのは、条件つきのストロークと無条件のストロークという種類です。条件がついているというのは「一等賞をとったからほめられた」とか「テストで百点を取ったから何かを買ってもらえた」などというように、ストロークを得るために何か条件がついています。一方、無条件のストロークとは何か。そう、挨拶や笑顔をおくることは、最たる無条件のストロークです。何かを為し得たからご褒美のようにストロークをもらえるのではなく、ただそこに「存在」することに対して与えられる無償のストロークと言えます。

「問題社員〝未満〟」対応に知識や技術は不要です。しかしその前提のお互いの信頼関係の構築において、テクニックなど存在しません。どれだけのストロークを、そしてどんなストロークを「問題社員〝未満〟」とやりとりするかが、その後の「問題社員〝未満〟」対応の成否を握ります。

あなたは「問題社員〝未満〟」の、何を知っていますか

コミュニケーションは「やりとり」、分解して「やり」と「とり」です。人間の体というのはうまくできているもので、口は一つで、耳は二つ。一つ伝えたら、二つ聞きなさいということかもしれません。まずは伝える前に聞く姿勢が必要です。

そして「きく」ことにも種類があります。まずは「聞く」。これは話の字面を聞いています。そして「聴く」。相手がきいて欲しいことを、相手をよく観察しつつ、想像力を働かせながら聴く。「聴」という漢字の中には「目」と「心」が入っていますね。私の最初の上司がまさに「聴き上手」でした。「上司、契約が取れました」「そうか、取れたのか」でも十分なのに（聞く）、「そうか！　それは嬉しかったなあ！」と「聴く」ことをしてくださる人でした。

そして「訊く」。相手を知るために、確認したいことを訊くのです。何より、「訊く」ためには相手に対する興味関心が必要です。あなたは、あなたの部下の好きな色を、好きな食べ物を、好きな本を知っていますか？　それも知らずして、部下と人間関係を構築しようなどと思っているのだとすれば、順番が違います。

次のチェックシートで、自分の部下に対する認識度を確認してみてください。私の経験上、四つ以上チェックがついたら、かなり御の字です。また複数の部下がいる人は、一律に

同じチェック数ではなく、部下によってチェックした項目の数が違うことも多々あります。

そして「問題社員〝未満〟」だと思っている部下に対しては、チェック数が極端に少ないというのも、私が拝見してきた上司の方に多い一つの事実です。

質問事項	名前		
	Aさん	Bさん	Cさん
・入社（転職）した動機を知っているか	✓	✓	…
・最終学歴（中途の場合は前職）を知っているか	…	✓	…
・学生時代に熱中していたこと（部活・バイト）を知っているか	…	…	…
・人生で一番充実していた時、一番つらかった時を知っているか			
・好きな仕事、嫌いな仕事を知っているか			
・会社に入り成長を実感した時、嬉しかった時を知っているか			
・社内で手本としている人物を知っているか			
・部下が大切にしている言葉を知っているか			
・今の仕事の悩みを知っているか			
・将来の夢を知っているか（聞いたことがあるか）			
合計	/10	/10	/10

人はメリットのある行動を繰り返す

先ほどのストローク診断において、個人差こそあれ、明確な性差があるわけではないのですが、過去、私が見てきた中では「ポジティブに求める」は男性のほうが女性より平均的に低い傾向があるようです。そこにはもしかしたら社会規範もあるかもしれません。

例えば、小さい時に転んで泣いたら、お母さんが「男の子なんだから泣かないの！」と言ったとします。「うん、わかった！」と言って、泣くのをやめて立ち上がったら、お母さんが頭を撫でながら「よしよし、強い子ね」とほめてくれたりします。するとその子は、ここで「痛いよ、お母さん。助けて欲しい」と求めるよりは、泣かずに我慢をしていたほうが僕はお母さんから「よしよし」をもらえるのだと学習することでしょう。一度や二度の経験ではなく、これが繰り返されると「ポジティブに求めてはいけない、求める必要がない」ということになります。人は得をするから、その行動を習慣化させるのです。

ストロークの癖を持っていることは、何一つ悪いことではありません。きっとその癖を持っていることで、私たちは得をすることもあったことでしょう。自分にメリットがある行動を人は繰り返しますか、わざわざ損をすることをしようとはしません。「問題社員〝未満〟」がゲームを仕掛けるのはメリットがあるからだとお伝えしました。ストロークを得るためというメリットでしたね。だとしたら、なぜそこまで執拗に、ストローク集めを行わねばならないのかという疑問が頭をもたげます。一つにはストローク飢餓に陥っているからかもしれません。

私たちは幼少期、身体の栄養素である食物を取り入れて成長するように、心の栄養素といえるストロークを取り入れて心を成長させていきます。そこに不足があると心が餓死しかねません。死活問題です。そしてストロークはできるだけポジティブであってほしいのですが、ネガティブなストロークが養育者から投げかけられることもあります。いくら大人の養育者とて、子育てにおいて聖人のような振舞いばかりができるわけでもないでしょう。心ないストロークを子どもに意図せず投げかけてしまうことも意外に多々あります。

そんな心ないストロークには次のようなものがあります。例えば「存在するな」。これはかなり強烈なネガティブストロークです。もちろん、養育者が心底、そんなことを思っているはずはありません。しかし例えば子供がいたずらのように期待に反する行動をとった時、養育者は躾のつもりで「出ていきなさい」と叱りつけるかもしれません。それが繰り返されると、合理的な判断ができない子供は、「私はここに存在してはいけないのだ」と間違った解釈をしてしまいます。そのストロークが、心の栄養素になるどころか、毒のように蓄積し始めます。

男の子を切望していた両親の元に生まれたのが女の子だった場合、それでも生まれてきてくれただけでも奇跡であり、親御さんには喜びでしかないはずなのですが、子供の成長につれて「お前が男の子だったら一緒にキャッチボールをしたかったのになあ」なんてそれこそ非合理な言葉をふとした時に口にしてしまうかもしれません（女の子でも本人が望めばキャッチボールしてもいいいし、逆に男の子でも本人が望まなければできない、さらに言えば所詮それは自分の一方的な期待に過ぎない）。子供は「私は女らしくないほうがいいかもしれない」という解釈をするかもしれません。

養育者を責めているのではありません。私たちは肉体的に大人になってからでも、時に非合理で自己都合な発言をしてしまうものです。それを受け止める側が大人の精神状態で「それはあなたの自己都合ではないか」と客観的に指摘したり、指摘せずとも心の中で「それは根拠のない一つの意見として聞き流してよい」と意思決定したりすることができます。しかし精神的に未熟な子供は、それをただ字面で真に受けるしかないのです。交流分析においてはこれを**「禁止令」**と呼びます。

実は私は、あまりポジティブなストロークを養育者から得られない環境で育ちました。父親から手を挙げられることも少なくありませんでした。そんな家庭にあっても、私が体調を崩して寝込んだりすると、母親は看病をしてくれたのです。私は子ども心に決断をしました。「私は健康であってはならない、私は不健康なほうがよいストロークが得られるのだ」

と。結果、私は小学校の体育はほぼ見学しなければならないほどの虚弱体質になっていきました。目の前のメリットを得るために、中長期的にみるとどう考えても自分にとって不都合な選択をしてしまっているのですから、我ながら無意識というのは恐ろしいものだと思います。

【参考】

禁止令	発言例
存在するな	「子どもは欲しくなかったけれど、あなたが生まれてしまった」「出ていけ」「あなたがいなければ……」
子供であるな	「お兄ちゃんなんだからしっかりしなさい」
成功するな	「あらあら、お馬鹿さんね」「そんなやり方ではダメ」
重要であるな	「子供にはわからない」「黙っていなさい」
近づくな	「あっちへ行ってなさい」
考えるな	「へりくつを言うな」「こうしたらいい」

あなたであるな、男（女）であるな	「言うことを聞きなさい」「お前が男（女）だったらよかったのに」「女の子は優しくていいわね。男の子は乱暴だから」「男の子は将来が楽しみね、女の子はお嫁に行ってしまうから」
成長するな	「昔はかわいかったのに」「いつまでも私がいないとダメね」
～するな	「危ないことをしてはいけない」「遠くに行ってはいけない」「遅くまで遊んでいてはいけない」
属するな	「あんな子と遊んではだめ」
健康になるな	「この子は丈夫じゃないのよ」
感情を持つな	「（男の子なんだから）泣いてはいけません」「（女の子なんだから）怒ってはいけません」

（特定非営利活動法人日本交流分析協会「交流分析士1級テキスト」
（二〇一一年二月第四版）83～85ページから作成）

アクセルがあるから生きていける

人はストロークがなければ心が枯れてしまいます。枯れないように何とかストロークを集めようとします。人間関係で想像力が欠如する人は、もしかしたらカビの生えたパンのようなネガティブストロークを、それでも集めようとしているのかもしれません。

「男子たるもの強くあるべき」という価値観をもったお母さんから、美味しいパン（ポジティブなストローク）をもらうためにはどうすればいいか。子供は一生懸命考えます。ある時、お母さんが「早くしなさい」と言った時に、急いで対応したら、お母さんが「あら、いい子ね」とほめてくれたとしましょう。するとその子は「そうか、急いでやると、よしよしがもらえるのか」と「急げ！」という心のアクセルを踏み始めます。そしていつかそれが習慣化されて、「急げばいい、急いでいる限り私はＯＫだ」と自己解釈します。

【参考】自分を駆り立てるもの、アクセル

1　完全であれ「百点をとれ」「完璧をめざせ」
2　急げ「ぐすぐすしないで、早くしなさい」
3　もっと努力せよ、一生懸命やれ「まだまだ努力が足りない」
4　人を喜ばせよ「他者を優先させなさい」
5　強くあれ「そんなことでメソメソするんじゃない」

（特定非営利活動法人日本交流分析協会「交流分析士１級テキスト」（二〇一一年二月第四版）87～88ページから作成）

宿題を終えたので外で遊んできていいかとお母さんに聞いたら「だったら、この次のドリルもやってみたら?」と言われたらどうなるでしょう。その子は「宿題をやり終えるよりは、宿題や勉強、頑張り続けている姿を見せることが大事そうだ」という学習をしそうです。

テストで九十点を取ったのでお母さんにみせたら「あら、あと十点足りなかったのね」という一言が返ってきてしまいました。その子は「次は百点を目指すぞ」「満点を取らないとダメそうだ」と学ぶことでしょう。しかしそうはいっても、人は常に完璧ではいられません。

私たちは幼少期からこうした自分を駆り立てるようなアクセルを使うことで、心ないストロークで削られた心に、少しでもストロークを注ぎ入れようとしているのです。

確かに「急ぐ」ことも「努力する」ことも「強くある」ことも「完全である」ことも「周囲を喜ばせる」ことも、仕事においては時に必要です。誰しもが一つや二つのアクセルを持っていると思います。これが仕事において功を奏すると「仕事ができる人」と言われるかもしれません。しかし、これがネガティブに作用すると、本人や周囲を苦しめます。もしかしたら対人想像力の不足タイプの「問題社員〝未満〟」社員は、普段は案外、仕事ができる人ではありませんか? しかし、ときにトラブル行動を起こす問題社員でなくて未満と言われる理由はここにありそうです。

【参考】アクセルが仕事面で現れると

傾向	プラスの面に表れると	マイナスの面に表れると
完全にやれ傾向	・質の高い仕事をする ・よくチェックし、ミスがない ・細部に目を届かせる	・決められず決断が遅れる ・手をかけすぎて期限に影響する ・説明が長く、くどくなる ・人の重箱の隅をつつく
急げ傾向	・即決し、動き始める ・何事も要領よく進める ・仕事を速く終わらせる	・じっくり考えずにミスする ・思いつきを口にして嫌がられる ・やりながら、もう一つ始める ・遅れた相手を責める
一生懸命やれ傾向	・努力を惜しまない ・次々と手を拡げていく ・挑戦を自らに課す	・何かしていないと落ち着かない ・手を出しすぎて物にならない ・休みもとらず働きすぎる ・人の努力不足を責める

人を喜ばせよ傾向	・相手のため骨を惜しまない ・よく相手の気持ちを汲む ・積極的に手助けする	・頼まれるとNOと言えない ・自分のことが未解決のまま ・他人のために無理しがち ・相手にも期待しすぎる
強くあれ傾向	・自分で解決しようとする ・困難にも辛抱強く取り組む ・常に冷静沈着を保つ	・他人から親しみを得られない ・困りごとを隠してトラブル化 ・人に頼るのが不得手 ・相手の弱さを責める

（特定非営利活動法人「日本交流分析協会」TAドライバーカード講座テキスト（二〇二〇年九月）より引用・加筆）

誰しもが持っていると言われているアクセル。あなたはどんなアクセルを持っていそうですか。もしかしたらあなたが第三牧場にいて、相手を第二牧場に動員し、心理ゲームを起こしている可能性もあり得ます。「問題社員〝未満〟」は自分のほうだったなんてことになりませんように。

第二牧場にいる「問題社員〝未満〟」に向き合う十二人の上司

さて、ここからは第二牧場にいる「問題社員〝未満〟」の対処について考えていきましょう。

あなたは仕事において自信をなくしていると仮定してください。第二牧場に佇んでいます。そんなあなたの目の前に、十二人の上司がいたとしましょう。それぞれに「自信をなくしているんです」と伝えると、十二人それぞれのレスポンスが返ってきました。さあ、次の上司のレスポンスの中で、あなたはどの返答が嬉しいですか？　もしくは嬉しくないですか？　嬉しいレスポンスであれば○を、嬉しくない（もしくは嫌な気持ちになる）レスポンスであれば×をつけてみてください。

「仕事に自信をなくしているのです」

1　悩むよりもまず行動してみろよ。
2　そういう姿勢や態度は周囲に悪影響を及ぼすぞ。
3　自信なんて自然に湧いてくるものではなく、努力と忍耐の産物だろう。
4　まずスランプの原因を自分で整理してみることだな。
5　今の壁を乗り越えて成長できるものだよ。悩みこそ成長の機会だからな。
6　自信があるとか、ないとか言っている場合じゃないだろう。
7　この仕事、いろいろあるからな。わかる、わかる。でも、頑張れよな。
8　泣き言ばっかり言うなって、子どもじゃあるまいし。
9　今の君の一番の問題は冷静な判断を妨げているその焦りだろうな。

10　大変な状況はわかるよ。そうなんだ。今が一番つらい時期なんだろうな。
11　原因はなんだ？　きっかけは？　いつからだ？　黙っていてはわからないだろう。
12　よし、暗い話はここまで！　ビールの苦さが仕事の苦さを紛らわすって。

さて、あなたは何人の上司に○をつけましたか？　過去私が拝見した中に、十二人すべてに○をつけた若者がいたことがあります。逆に「ゼロ人です、どなたのも嫌です」とおっしゃったきっぱり若者もいます。

実は、この十二人の返答はカウンセリング的には全員アウトです。それぞれの応えには、次の要素が含まれます。

1　命令・指示、2　注意・脅迫、3　説教・訓戒、4　助言・提案、5　講義・解釈、6　批判・否定、7　同情・激励、8　侮辱・非難、9　分析・診断、10　同意・理解、11　質問・尋問、12　停止・ごまかし

○の個数の違い、ついている箇所の違いをたくさん拝見してきましたが、つくづく人の多様性を痛感します。実は私は5番には二重丸（◎）をつけたいぐらいです。「成長の機会」なんて言われたらとても嬉しくなりそうです。しかし、5番に×を付ける人もいます。私が言われて嬉しい言葉を、嫌だと思う人もいるということです。しかし、私は5番を「よし」とするわけですから、このセリフをよかれと思って人に言ってしまう可能性が高いとも考え

られます。それはもちろん、相手を励まそうとする純粋な気持ちからです。しかしそれを聞いて嫌な気持ちになる人もいる可能性があるのだということを知っておく必要がありそうです。

そんなことを言いだしたら怖くて何も発言できなくなりそうですが、だからこそ、相手を知ること。そして何より、自分を知ることが重要なのでしょう。もしくは「嫌だな」と思う言葉を投げかけられた時に、感情は瞬時に反応してしまうでしょうが、なぜこの人はこの発言をしたのかな、と立ち止まって考えることも必要そうです。

第二牧場にいる「問題社員〝未満〟」には、合理的に自己肯定をさせよう

第二牧場エリアに居続ける自己否定的な「問題社員〝未満〟」は、現場では往々にして、下記のような表出をしていることでしょう。

- ・断りきれずに無理をして過大な責任を背負い込んだり、複数の役割や仕事を引き受けたりすることで、自分を追い込みいつも疲労困憊してしまう。
- ・自分の能力・体力の限界を考えずにあれもこれも完璧にやろうとした挙げ句、心身の疲労が蓄積して倒れてしまい、生産的な結果を出せずに終わってしまう。
- ・同じようなミスや失敗、他者から否定されるような行動を繰り返して、相手の嫌悪、怒りを誘発する。

・「自分はどうせやってもダメ」「自分は拒絶されてしかたない」という態度をとるので、結果、相手にも虚無感や罪悪感を与える。

（特定非営利活動法人日本交流分析協会「交流分析士2級テキスト」（二〇〇七年七月）から作成）

こうした自己否定の態度は、他者を「過大化」することで、自己を「過小化」することにつながっています。つまり、心の根底的には「常に自他を比較して自己卑下する、真に自分を認められない自分」の存在が見て取れます。ですから、相手に依存的になるし、自分でものごとを決めない。自分で決めないから、自分の言動に責任が持てない、という悪循環に陥ります。もしくは、こういう状態が続いている部下は、頼りになる人を見つけるや否やその人の指図どおりに動き、依存しながら行動したり、従属的な態度で行動したりしてしまいますから、強いリーダーシップを発揮している上司には一見使い勝手がよく、いつまでも部下育成につながりません。

自信がない人に対して「自信を持って！」というのは、実は一番言われて苦しい言葉かもしれません。言葉だけで自信が持てるのであれば、何百回でも言ってあげたいくらいです。**人は「自分が何をすべきか」が明確にわかっていて、そのわかっていることをなし得たとき、小さな自信を積みます**。それを積み重ねていくことで自信が生まれてきます。「自信をなくしている」部下には、とにかく**「自分の力で何かができる体験」をさせること**です。人は行動すべきことが何かがわかっていて、実際にその行動をとって達成した時、自信を持つものです。どんな小さなことでもいいので、自分で決めたことを実行する経験を積み重ねさせてください。その際、あなたが第三牧場エリアに振り飛ばされないように、第一牧場エリアにいることをやはり意識し続けてください。

なお、第二牧場エリアに居続けていた「問題社員〝未満〟」はいきなり第一牧場に入って来ないかもしれません。自信をつけさせようとする中で、今度は勘違いして、第三牧場に移動することすらあります。しかしそれもまた、変化のプロセスなのだと思っておいてください。同様に第三牧場に居続けた「問題社員〝未満〟」も、その変化の過程で第二牧場に移動することも多々あります。

第二牧場に居続ける「問題社員〝未満〟」はパワハラを誘発する

第二牧場に居続ける「問題社員〝未満〟」は「自己否定」の癖を持っています。

前節「他者否定的」な部下より、この自己否定の態度をとる部下のほうが、育成においては困難かもしれません。なぜなら、前々節でも触れたように、部下育成の困難さの一つは、上司自身の感情が揺さぶられることだからです。第三牧場にいる「他者否定的」な部下に対しては、上司自身が過小評価される気持ちに落とし入れられながらも（第二牧場に引きずられる）、現実的にはポジション的に上司の側がパワーを持っているわけですし、心のどこかで「周囲を過小評価」する部下を「上から目線だなあ、嫌な気持ちがするなあ、ほんとこいつ、結果的に損をしているなあ」などと第三者目線をもって笑い飛ばすこともできます（ここまでできたら達人の領域）。しかし第二牧場にいる「自己否定的」な部下の場合は逆に、実際にポジションパワーをもっているこちら側が第三牧場に飛ばされてイライラさせられるわけですから、つい高圧的な言動をとりかねません。下手をするとパワハラに陥りかねない危険性をはらんでいます。

パワハラが深刻な社会問題となっていますが、意外なことにパワハラは日本の造語で、セクシャル・ハラスメントが世界で大きな問題になってから日本で生まれたカタカナ英語です。上司側に悪意がある場合は論外として、上司側は「指導の一環」と思っていることが、部下側から見るとパワハラであるという場合は、どちらにとっても不幸です。

一般論としては、上司はその所属の従業員を指導し監督する権限がありますから、その指導監督のため、必要に応じて従業員を叱責したりすることなどは、違法ではありません（詳細は62ページ参照）。しかし、上司の行為が業務上必要とは認められない頻度で行為が繰り返されたり、権限の範囲を逸脱したり、合理性がなかったり等、裁量権の濫用にあたる場合は、そのような行為が違法性を有するものとされます。

パワハラの加害者にならないために

部下が第二牧場にいて、あなたを第三牧場におびき出すような場合は、くれぐれもその罠にかからないようにしてください。決してパワハラの加害者にならないように、まず上司はその地位自体に大きなパワーが宿っていることを肝に銘じて、パワハラについて十分に理解することです。

そして部下に対する指導や叱責が、組織をパワーアップさせるものになっているか、部下に対する無駄なエネルギーが負のパワーになっていないか、その健全性を意識してください。指導をしても部下が期待した能力を発揮できない、勤務態度不良等がある場合は、何をどう改善させるための指導なのかを明確にするために、教育、指導、注意の内容、それに対する部下の対応等を記録することも重要です。

さらに自分と部下について理解すること。自分自身の感情や考えにも偏りやバラツキがあることを知り、部下の性格をみて接し方を工夫する必要があります。何より、階層が上になればなるほど、自分の言動を客観的に評価してくれる人が少なくなりがちですから、孤独にならないこと。相談する、弱音を吐く、愚痴をこぼす、等の相手を持つこと。上司同士がつながることも大切です。

パワハラと言われるのを恐れるがあまり、部下をきちんと叱れない上司も増えています。一方、部下に対する深い思いやりと仕事に対するゆるぎない信念を持っている上司は、適切にほめて叱ることができているように感じます。支配や依存ではなく、対等な目線でいることが、結果的にパワハラ防止につながるのかもしれません。管理職、上司という立場はポジションではなく、役割に過ぎないと認識してください。

重要なことは、あなたが第一牧場エリアにいること

一概に括れないまでも、対人想像力に不足がある「問題社員〝未満〟」とされがちな人は、相手か自分のいずれかを過小評価しています。相手を過小評価する場合は自分を過大評価しているし、自分を過小評価する場合は相手を過大評価しています。だからそのメッセージを受け取って、こちらの感情が刺激されます。対人想像力に不足がある「問題社員〝未満〟」と向き合う際にもっとも重要なことは、あなたが第一牧場エリアに居続けるという意識を持ち続けることです。もちろんそれは容易なことではないかもしれませんが、**あなたは自分の操縦桿を相手に渡してはならないし、相手の操縦桿を預かってもなりません。**それぞれの操縦桿は、各自が責任をもって管理するものです。

しかし第三牧場にいる「問題社員〝未満〟」はあなたの操縦桿を握ろうとしてきます。第二牧場にいる「問題社員〝未満〟」はあなたに自分の操縦桿を預けようとしてきます。その状況に気が付くために、一方向からだけ見るのではなく、俯瞰の目をもってその状況を客観視するイメージでいられることが肝要です。いったい今、自分の心に、そしてこの状況で何が起こっているのか、相手はどのエリアにいて、自分はどこに引きずられようとしているのか、あなたの心のドライブレコーダーをオンにするイメージです。ポイントは、その人そのものを変えようと「人」に着目するのではなく、「解決策」に着目することです。

あなたの「お決まりの感情」は何ですか

人は誰しもその思考パターンや行動パターンに「くせ」を持っています。そして誰しもがその感情にも「くせ」を持っています。自身がよく感じる、お気に入りのお決まりの感情、なるものを、誰しもが抱えて生きています。それ自体は決して悪いことではなく、生きていく上で必要なものとして身につけてきたものに違いないのだと既にお伝えしてきました。しかし「問題社員〝未満〟」と向き合うあなたには、うろうろする自分を味わうくらいの余裕が必要なのです。

いずれにせよ、第三牧場にいる他者否定的な部下も第二牧場にいる自己否定的な部下も、対人想像力に不足する部下は、活躍支援や育成に手間暇がかかることこの上ありません。しかし、だからこそ、そんな部下が育った時の上司の達成感は、得難いものになるはず。愛情とは慈しみや優しさではなく、ただただ、その可能性を信じること、その関係を絶たないことです。

人が人を育成する営みは、すぐに成果が現れるものではありません。空っぽのコップに水を少しずつ注ぐが如く、いっこうに満タンにならない。注いできたことが実感できるのは、満タンになって溢れはじめてからのことです。しかし注ぐことを決して諦めないこと。何がしらかの問題を抱えた「問題社員〝未満〟」に対しても、その可能性を信じて地道に継続的に育成していただきたいと願います。

【コラム】感情の下にある、真の感情

例えば、子供の帰宅時間がいつもより遅かったとします。あなたは子供に「何をやってたの！」と怒りの感情を露わにすることでしょう。しかしこの時、あなたの真の感情は「怒り」ではなく、「無事に帰ってきてくれてよかった」「子供のことが心配でたまらなかった」といった不安だったに違いありません。

しかし「怒り」で表現することで、相手が二度と同じ行動を繰り返さないに違いないという成功体験や思い込みをもっているから、あなたはまず「怒り」を表現することから始めてしまったのかもしれません。

人の感情はこのように重層的です。自分の感情のもう一つ下にある真の感情の存在に気づき、これを表現し始めることができたら、あなたは自分の「お決まりの」「偽の」感情から解放され始めることができるかもしれません。

なぜ、人は人とトラブルを起こすのか

ここで一つ、ぜひ知っておいていただきたい人の対人力の成長に関する考え方を一つご紹介します。学校教育に携わる人にはよく知られた、Ｅ・Ｈ・エリクソンによる発達心理の理論の一つです。エリクソンは、青年期に身体の成長が完了したところで、心の発達も完了し

てしまうとは考えませんでした。

私も以前、通信大学の単位で学んだのですが、学問的にはなかなか難しいので、心理学の師である、man's Resource 代表／星野惠子先生の下で学んだ解釈の仕方で説明してみます（ただし、受け止めたのは私なので、解釈の責任は私にあります）。

【参考】Developmental Task（E・H・エリクソン）

発達段階	発達課題の成功VS失敗		獲得される心理特性
①　乳児期初期／誕生～一歳頃	基本的信頼	基本的不信	希　望
②　幼児期初期／一歳～三、四歳	自律性	恥と疑惑	意　志
③　遊戯期／四歳～入学前	自主性	罪悪感	目　的
④　学童期／六歳～十二歳	勤勉性	劣等感	有能感
⑤　青年期／十二歳～	同一性	同一性拡散	忠　誠
⑥　前成人期／二十代後半～三十代	親密性	孤　立	愛

⑦	成人期中期／四十代～五十代	生殖性	停滞性	世話
⑧	老年期	統合性	絶望	英知

Ｅ・Ｈ・エリクソンの発達心理学によると、人間は人生で八つの障害物に向き合うとされています。障害物というと難しいですが、人間は誰しも人生で八つのハードルに向き合うと考えてみてください。

最初のハードルは生まれた瞬間から目の前に存在します。

> お腹がすいた、泣いてみた。ミルクが与えられた。おむつが濡れて気持ちが悪い、泣いてみた。おむつを換えてもらえた。そうすると、赤ちゃんは悟ります。「世の中なかなか信頼できそうだ」と。ところが泣いても喚いても、いっこうにミルクが与えてもらえない。おむつが換えてもらえない。すると赤ちゃんは不信感を感じ、そして学びます。「世の中なかなか過酷そうだ」ということを。母親もいつもすぐ駆けつけてやれるわけではなければ、手が離せないこともあるでしょう。母親がいつでも飛んできてくれればいいというものではなくて、来てくれないこともあれば、来てくれることもある。十対〇ではなくて、五対五でもなくて、気持ち、六対四。対応してくれることのほうが多ければ赤ちゃんはちゃんとその葛藤を乗り越えることができます。その葛藤、ハードルを乗り越えると手にできる宝物が「希望」という名の宝物です。

そんな赤ちゃんも一歳を過ぎてくると、自分の体を使って自分のやりたいことができるようになってきます。

> 今までは、泣いて喚いてやりたいことを伝え、母親にやってもらうしかできませんでした。しかしこの頃になると、自分で自分の筋肉を使って物事をなし得るようになってきます。例えば、この時期の子供にとってティッシュケースからティッシュペーパーを次々と引っ張り出すことは、かなり楽しい遊びです。楽しくてたまらない、次々に飛び出すティッシュペーパー。ところがそれがお母さんに見つかると「こら。そんなことしちゃ駄目」と叱られます。子供には、意味がわかりません。こんなに楽しいことを、お母さんというこの私の一番身近にいる存在がやってはならないと言うわけです。疑惑心でいっぱいになります。またこの時期にはトイレトレーニングが始まりますから、「お漏らしをすると恥ずかしい」ということも「しつけ」として学びます。やってはならないこと、できないこともある。がしかし、往々にして私はこの自分自身の体を使ってやりたいことをなすことができる。この感覚。この葛藤を乗り越えて、子供は「意志」という名の宝物を手に入れます。

ですからこの時期に、母親が子供のやりたいこと・なしたいことを全部否定すると葛藤が起こりませんし、逆に子供のやりたいこと・なしたいことを過保護で全部やらせすぎると、やはり葛藤が起こりません。この時期の親、養育者（特に母親）との関わり方は、非常に重要です。

要は、この二つめの葛藤を乗り越えられていないと、比較的受け身で指示待ちの人生態度を取ることにつながりやすくなります。

これまで両親や家族との関係性で生きてきた子が、保育所や幼稚園に通い始めます。

「みんなで砂場に行こうよ」などとリーダーシップの芽が芽生え始めますが、あまり自分の意思を貫き過ぎると、友達から嫌がられます。それぞれの意思が合致するとは限らない。「あの子はわがままね」と言われかねません。そんな事態に陥ると、子供は「悪かったな。どうやら私がやりたいことと、友達がやりたいことは違うのだな」と学び始めます。「私はあなたと遊びたいのだけど、一緒に砂場に行かない？」「みんなで砂の城を作ってみようよ。一人では大変だけど、みんなでならできるよ」と声をかけるといいことにも気が付くかもしれません。この葛藤を乗り越えて、子供は「目的」という名の宝物を手に入れます。

小学校に上がると、勉強したり、運動したりします。生産性の体現ですね。

百マス計算では私は友達にどうしても適わない。悔しい。ちょっとした劣等感を抱くこともあるでしょう。でも頑張って毎日繰り返し継続していたら、友達のタイムには届かないけど、確実に速く解けるようになってきた。私もやったらできるんだなと、自分の努力を認め始めます。この葛藤を乗り越えて、少年少女たちは「有能感」という名の宝物を手に入れます。

中学に上がるくらいになってくると、友達グループでつるみ始めます。

同じグループの仲間とはどこか気が合う。例えば、特定のアイドルグループが好きだという気の合う友達グループ。ランチを食べるのも、トイレに行くのも一緒です。こういうグループをチャムグループ（Chum-group）といいます。ところが、同じといっても、人間ですから違いは多々ある。ちょっとしたすれ違いや誤解も、一緒にいる時間が長いと起こり得ます。この葛藤を乗り越えて、青年たちは自分の所属するグループに対する「忠誠心」という名の宝物を手に入れます。

なんと中学生くらいまでに八つのハードルのうちの半分以上を私たちは経験していることになります。ここまでを経験しているからこそ、六番目で自分とはまったく異なる他者と親密な付き合いを始めます。

自分とは異なる人格を持つ相手に抱く愛情ですが、だからこそ苦しむこともあるでしょう。一人も寂しいけれど、二人なのに味わう寂しさもあります。この葛藤を乗り越えて、人は「人を愛する」という名の宝物を手に入れます。

ここまででもおわかりいただけるように、対人関係の成長には、自分以外の誰かの存在が不可欠です。こうした葛藤を経て、私たちは人との向き合い方を習得していきます。

「問題社員〝未満〟」は、もしかしたらこの六番目までのハードルをいくつか飛び損ねたままにしてしまっているのかもしれません（誰もが往々にして飛び損ねることはあるのですが、どこかのタイミングで再チャレンジをします）。

さて、残り二つのハードルは壮年期以降になります。四十代前後で人は次世代を育み始めます。

ここでいう育成は、わが子だけではなく、例えば会社で部下を育成することも先人の役割です。自分を育てることも容易ではないのに、自分とは違う存在を育むわけですから、立ち止まったり、イライラしたり、落ち込んだりします。そう、まさに第二牧場や第三牧場をウロウロしているかの如く。しかしこの葛藤を乗り越えて、人は「人を世話する」という名の宝物を手に入れます。

「問題社員〝未満〟」と向き合えた時、私たちは、人生で集めて回っている八つの元気玉のうちの一つを手にするのかもしれません。「問題社員〝未満〟」と向き合えるなら、怖いものなしといえるかもしれませんね。

ちなみに最後のハードルは、人生を終える直前です。

今までは誰かの役に立つことで社会的に存在価値を提供していたところが、この時期になると介護も始まったりして、誰かの手を借りて生きていくことになります。肉体的に思うようにいかないこともあり、私の存在はお荷物なのではないかと絶望にさいなまれるかもしれません。しかしここまでのハードルを乗り越えてきた人は、何もできなくなった自分を受け入れて、そんな私をこそ愛せるかどうか。もしくは何もできないわけではなく、人に優しく声をかけたり、微笑んだりすることでなお、誰かの役に立つことも十分できることを知ることもあるでしょう。この葛藤を乗り越えて、人は「英知」という名の宝物を手に入れ、何一つ持たずに棺桶に入り、あの世に召されていきます。

すべての人の人生は、壮大な物語のようです。環境と経験が人間を作ります。そして何より、誰と出会い、どんなストロークの交換をして、頭だけではなく心をいかに成熟させていくのか。その過程の中には、葛藤があるからこそ得られる宝物があり、大げさかもしれませんが、「問題社員〝未満〟」と向き合うあなたは、まさに宝物を得る一歩手前なのかもしれません。

あなたの牧場を可視化しておこう

204ページで紹介した「OK牧場」を数値化することができます。この四十の質問に回答してください。自分のことについて、「当てはまる」と思うなら「2点」、「当てはまらない」なら「0点」、「どちらともいえない、よくわからない」のであれば「1点」を、設問の後のスペースに記入ください。その際、

❶ 職場で仕事をしている時をイメージしながら
❷ 家庭で家族と過ごしている時をイメージしながら
❸ 「未満」社員と対峙している時をイメージしながら

で、結果は変わる可能性があります。それはそれで構いません。複数回、前提を変えてやってみるのもお勧めです。

OK グラム

1	私は自分自身が好きである				
2	私は皆から好かれる人間ではない				
3	私は生まれてから大事に育てられたと思う				
4	私の誕生はあまり歓迎されなかったと思う				
5	私は根本的には人間を信用していない				
6	私は今の生活で必要とされる（役に立つ）人間だと思う				
7	私は自分自身をダメな人間だと思うことがある				
8	他の人のやり方や考え方が自分と違っていても特にイヤな気持ちにならない				
9	相手を尊重することは、その気持ちを理解することだと思うので、努めて実行する				
10	人から頼りになる人と思われている				
11	私は積極的に行動をとるほうである				
12	消極的なたちで、失敗を恐れて物事に手を出さない				
13	ときどき相手を罵倒したり、やり込めたりすることがある				
14	私は自分のしたことをよく後悔する				
15	相手が思った通りのことをしてくれないと、とても腹が立つ				
16	人のよい点よりも、悪い点を指摘するほうである				
17	私は基本的には人を信用するほうである				
18	子どもを含めて、誰でも自分の意見を持つ権利があると思う				
19	自分で決断して行動することがなかなかできない				
20	自分の容姿には自信がない				
21	自分の顔や姿に魅力があると思う				
22	自信がないので、だいたい人に合わせる				
23	内心では、人を助けることは甘やかすことだから、その必要はないと思っている				
24	自分の能力のうち、あるものに自信を持っている				
25	人々が自己主張したり、経済的に豊かになれるようなことはよいことだと思う				
26	自分の考えややり方と違う人は、できれば排除したい				
27	私はたいていの人とうまくやっていける				
28	他の人の生活が順調にいっている時、よいことだと喜んであげられる				
29	私は人前で話すとき、あまり不快になったり、あがったりしない				

2　人間関係で「未満」社員の特徴

		W	X	Y	Z
30	友人や同僚と一緒にいることは好きではない	■		■	■
31	キライな人とでも、一緒にうまく仕事はできる	■	■		■
32	後輩や部下は私に従うのは当たり前だと思う	■	■	■	
33	人はみな自分で物事を決める権利があると思う	■	■		■
34	仲間が失敗しても、いつまでも責めるようなことはしない	■	■		■
35	あまり自分自身を尊敬できない	■		■	■
36	同僚に比べ、私の他人に対する評価は厳しい	■	■	■	
37	私はあまり人をほめないほうである	■	■	■	
38	私はたいていの人がやれる程度のことはできる		■	■	■
39	私には、人を利用して自分の立場や仕事を良くしようという傾向がある	■	■	■	
40	私はミスをしたりがっかりしたりすることがあっても、前向きに考えていくことができる		■	■	■
		W	X	Y	Z

(「交流分析ワークシート」初版（2009年1月）OKグラムセルフチェックより)

つけ終わったら、縦に足し算をしてください。最終的に四つの数字が出ます。次にその数字を、次ページのグラフの線上にプロットしてみてください。その手を線でつなぐと何らかの面積が出てきます。例えば、あなたの心の中の羊の群れが第三牧場エリアに偏っていれば、図1のような変形四角形になるかもしれません。もしくは、群れが第二牧場エリアに佇んでいて図2のような四角形になる方がいらっしゃるかもしれません。

この面積が、204ページでやった「羊の群れ」の状態だということになります。比較的穏やかに仕事をしている状態を前提として行った場合は、一の牧場の面積（羊がたむろしている面積）が大きいと思

図１

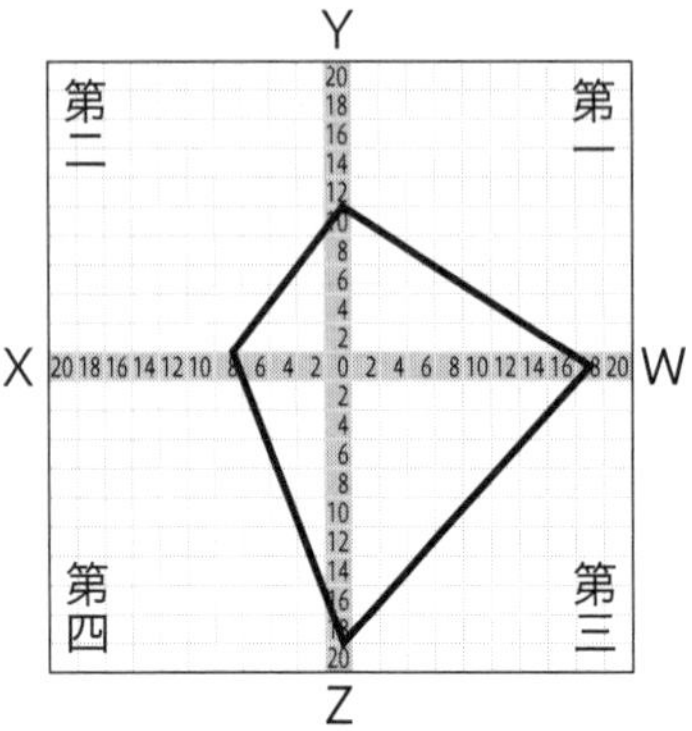

図２

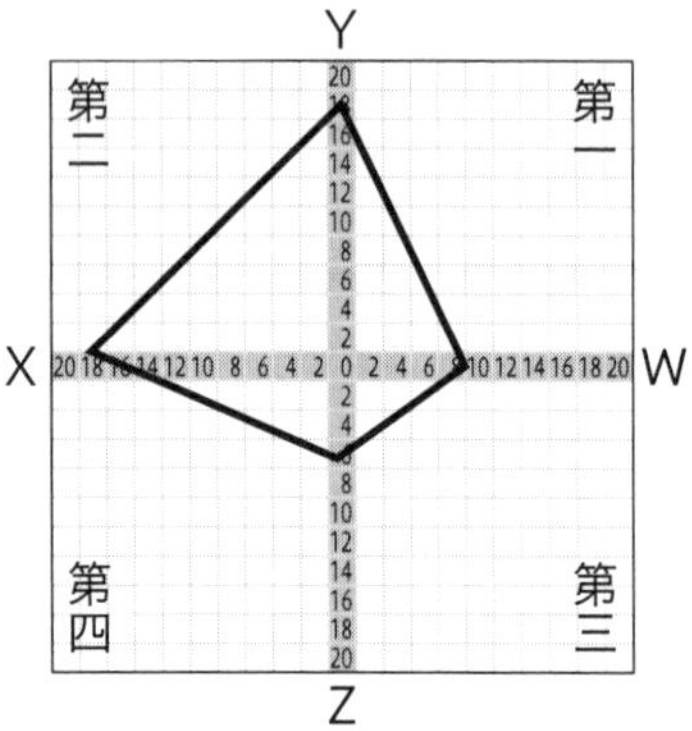

いますが、二番目に羊が群れているのはどの牧場ですか。あなたに大きなストレスがかかった場合、第一の牧場の羊たちがそちらになだれ込んでいく可能性が高いのです。自分が瞬時にどちらに指向性をもっているか知っておくと、元に戻りやすいと言えそうです。

3　人は誰でも成長する可能性があるのか

部下を変えたければ自分のアプローチを変える

行動分析学という学問があります。例えば次の事例を見てみましょう。

【事　例】
① お父さんとお母さんがいました。僕は勉強しました。お父さんとお母さんがほめてくれました。子供はまた勉強を続けます。しかし、
② お父さんとお母さんがいました。僕は勉強しました。お父さんとお母さんは何も変わりませんでした。僕は勉強を止めるかもしれません。
③ もちろん、お父さんとお母さんは何も変わらなくても僕は勉強して楽しいなあと思えたのであれば勉強は続けられるかもしれません。ましてや
④ 遊べていました。勉強しました。遊べなくなりました。子供はやっぱり勉強を止めるでしょう。しかし、
⑤ 遊べていました。勉強しました。お父さんがもっと面白い遊びを教えてくれました。子供はまた勉強をするでしょう。

つまり、「問題社員〝未満〟」の行動を変えたければ、相手が行動を変えたときに、こちら

が行動を変えることです。人は人に影響力を行使したい動物です。自分が何か行動を取った時、周囲の何かが変わると人は同様の行動をまた繰り返すものです。

赤ちゃんは泣くことで、お母さんにミルクを与えてもらえます。泣くことでおむつを替えてもらえます。泣くという行動で自分よりも大きなお母さんに影響力を与えているのです。泣けば何とかしてくれると学習しています。自分が何か行動を取ったことで周囲の何かが変わると、人は同様の行動をまた繰り返すものです。

【参考】「行動」を「変化」させるために／行動分析学からのアプローチ

①強　化
⇓ある「行動」の直後に「よいこと（心地よい、苦痛から解放される）」があると、その「行動」を繰り返すようになる

②消　去
⇓ある「行動」の直後に「何も変わらない」と、その「行動」をしなくなる

③弱　化
⇓ある「行動」の直後に「嫌なこと（不快を感じる、心地よさが失われる）」と、その「行動」をしなくなる

▼人を、組織を、未来を「あきらめない」のは、「自分」。

行動には行動で返すこと。結局**人の行動変容には、自分自身の行動の変容が不可欠**であるということでしょう。結局、「問題社員〝未満〟」に向き合える人と言うのは、自分の行動を変える覚悟を持てる人、他人事にせずに「自分が何とかするしかない」と覚悟を決められる人にほかならないのかもしれません。

ましてやその自分の行動変容は、相手の行動の変化の六十秒以内が良いとされています。「問題社員〝未満〟」の意識を変えようとするのではなく、せめて行動を変えようとすること。だからこそ、必要な行動を言語レベルで明確にすること。しかし、「問題社員〝未満〟」の絶対的な行動を変えるのではなく、その時必要な行動を本人が選択できる力を持たせること。そのためにこそ、その行動をとる意味を知らせておくこと。そしてその行動の選択の積み重ねが私の仕事のゴールにつながっていることを実感させること。「問題社員〝未満〟」の行動変容に、自らの行動をもって報いてやること。その繰り返しです。

ストロークの使い手であれ

逆に、やってほしくない行動を「問題社員〝未満〟」がとった場合は、影響を受けないようにしてください。例えば遅刻してきた部下に対して、「何度言ったらわかるんだ！　今月は何度目だ⁉」と声を荒げて叱りつけたところで、明日も部下は遅刻してくるかもしれません。叱られたくはないのですが、深層心理ではかなり心地よい状態が出来上がっているからです。そもそも人は人に影響を与えたくてたまらない生物です。赤ちゃんは泣くことで、自分よりも何倍も大きな母親を動かし、必要なミルクを獲得しています。「問題社員〝未満〟」からみると、自分が遅刻することによって自分より役割や給与が高い上司の感情と時間をまんまと支配できているのです。つまり上司が自分の影響力をまともに食らっているわけです。

ですから、「問題社員〝未満〟」がやってほしくない行動をとった場合は、次の約束だけ取り付けて、時間と感情をあまり割かないことが得策です。例えば遅刻の場合は、「今月は十分の遅刻が三回目です。明日は定刻に来てください」と約束して、それで終わってください。決して「問題社員〝未満〟」を蔑ろにしているわけではありません。「問題社員〝未満〟」に必要以上に時間と感情を割くことは、「問題社員〝未満〟」のとってほしい行動を強化するだけだからです。本人にとっても何らメリットがありません。叱ることは即効性があるけれど、実はあまり有効性はないのです。

逆にその部下がいつもより十分でも早く来たら、その際にはしっかりあなたの時間と感情を使ってあげてください。「お、今日は十分早く出社したんだね。ありがとう」とにっこり微笑んであげてください。

いつも報連相をしてくれない部下が報連相してきた時がチャンスです。

部下「失敗しました」
上司「失敗をこんなに早く報告してくれてありがとう。こうして早く報告してくれたら、こちらがカバーに少しでも早く入れるからな。失敗自体については、今後、また振り返っていこう。ナイス報告！」

と返すことができれば、次から部下は失敗をまた報告してくれます。失敗を報告したことで、何一つ失っていません。むしろポジティブなストロークが得られているからです。なお、相手の行動に対するレスポンスは六十秒以内にお願いします。「昨日のあの仕事ぶり、よかったね」では遅いのです。六十秒ルールといいます。その瞬間を大切にしてください。

ところで「行動分析学」というと難しい感じがしますが、このような学問を学ばなくても、たった一行でこの行動分析学を表現した人がいます。

「やってみせ、言って聞かせて、させてみて、褒めてやらねば、人は動かじ。」

まずは自分自身が、率先垂範で手本を見せること。そしてその行動の「意味」や「ゴール」や「目的」を言って聞かせた後は、部下本人に実際にやらせてみること。そして部下がやってできたときに、「ほめてやる」というこちらの行動変容がなければ、「相手は動かないよ、変わらないよ」というわけです。

おそらく山本五十六氏が行動分析学を学んでいたわけではないでしょう。己の部下育成の積み重ねの中から体得した言葉なのだろうと思います。

ここまでをまとめます。

「問題社員〝未満〟」対応においては、「問題社員〝未満〟」の意識を変えようとするのではなく、行動を変えること。行動レベルで明確にすること。しかし、本人の絶対的な行動を変えるのではなく、その時必要な行動を選択できる力を持たせること。そのためにこそ、その行動をとる意味を知らせておくこと。そしてその行動の選択の積み重ねが私の仕事のゴールにつながっていることを実感させること。

「問題社員〝未満〟」の行動変容に、自らの行動をもって報いていくこと。あなたは「問題社員〝未満〟」の何を変えようとして何のために育成をしていますか。至極当たり前のことかもしれませんが、この認識から、対人創造型「問題社員〝未満〟」対応が始まるのです。

対人創造型「問題社員〝未満〟」は「気づき」がない

「行動」についてもう少し補足しておきます。人のすべての行動は、二パターンに分かれます。一つは意識した行動。もう一つは、無意識からくる行動です。ではこの意識的な行動と無意識の行動は、すべての行動を百％とした場合、それぞれどのくらいの比率だと思われますか？

【参考】人間行動のメカニズム

意識（心）　⇒　行動　⇒　成果・結果

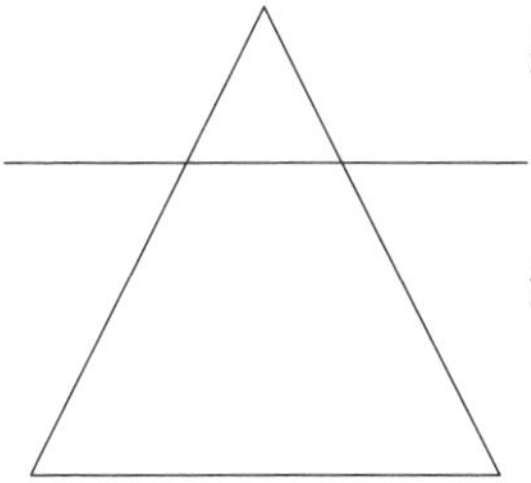

顕在意識　＝　自我（5%）
⇒　理性、論理（左脳）

潜在意識　＝　無意識（95%）
⇒　感性、イメージ（右脳）

☆できる　⇒　行動　⇒　結果
★これ以上できない　⇒　自らの限界、
アクセル　＝　「やってみなはれ」
固定概念ブレーキ　＝　「やめときなはれ」

実は意識的な行動は、人の行動全体の一割にも満たないと言われています。「そんなことはない。私はもうちょっと意識して生きている」と言いたくなると思いますが、例えば友達相手に後出しジャンケンをしてみてください。後だしジャンケンで「勝ち続ける」ことはさほど難しくありませんが、後だしで「負け続けて」みようとすると案外難しいことがわかります。ジャンケンはたとえ後だしでも、簡単に負けられないのです。私たちにとってジャンケンは、生まれてこのかた「勝つ」ものだったからです。勝とう勝とう、と繰り返してきた結果、今更ながら負けにくくなっています。勝ち癖がついているということです。

ですから無意識の行動というのは、ぼーっと行動している、ということではなくて、繰り返し繰り返しとってきた行動は、いちいち意識しなくてもできるようになっているという人間の能力の一つなのでしょう。

歩き始める時にいちいち「どちらの足から出そうかな」とは意識しません。無意識に利き足から出しています。お風呂に入って体を洗う時、「昨夜は左の手先から洗ったので、今日は右のつま先から洗おう」とも思わないでしょう。毎晩、無意識に同じ部位から洗い続けていると思います。これらもすべて無意識の行動です。こういったものをすべて積み上げると、起きている時間の行動はほとんど無意識であるということです。

私たちはよく「研修は気づきの場だ」とか「成長には気づきが必要だ」と言います。ここでいう気づきは「はっ」と悟るようなことではなく、無意識を意識化することです。ではなぜ、無意識を意識化して「気づく」ことをしなければならないのか。**意識化しなければコントロールが効かない**からです。左の手先から無意識に洗っている方は、一生、左の手先から無意識に洗い続けて終わります。「私は左の手先から洗っている」と認識すること。……、これが「気づき」です。そう気づけた方は、次の日の夜、右の手先からを洗うことを選択もできれば、あえて左の手先を選択し続けることもできます。

「問題社員〝未満〟」育成においては、カーナビ同様、迷子にならないような目標設定が必要だと述べました。しかし、カーナビには行き先入力以外に、もう一つの情報が必要です。そう、今私がどこにいるのかということ。現在位置の把握です。カーナビでも現在地と行き先がわかるから、その差を埋めることができます。

「今、現在」の自分自身の「行動パターン（行動のくせ）」に「気づく」ことが重要。こうあるべきこうすべき、だけでは人間はそう簡単には変われません。巷に溢れているたくさんの成功本を読めば皆が成功するわけではありません。もちろん、読後の行動次第というのもありますが、とるべき行動を理解するためにこそ、現在自分がどういう行動パターンをとっているのかに「気づく」ことが必要だからです。つまり上司には、「問題社員〝未満〟」の「現状」をフィードバックして「気づかせて」あげることも求められます。**「問題社員〝未満〟」はこの「気づき」がない**ということも、特徴の一つです。

私は自分自身の育成も、部下の成長の支援も、「目標と現状の間を埋めること」。人間に関する問題解決、にほかならないと思っています。ならばこそ一体何が問題なのか、何を変えなければならないのか、を上司と部下とで共有化するために、育成対象者である部下の、「目標と現状」のギャップを「行動」レベルで明らかにすることから始めてください。

人を育てられる人は不足している

顧問先の新入社員研修をご依頼いただいた時、私は新入社員の方々にたいていい、こう伝えるところから始めます。

「皆さんは今日もお給料をいただきながら研修を受講しています。これは皆さんに対する投資です。投資には回収が伴います。しかし、誤解のないようにしてください。皆さんの成長が本日の研修の回収ではありません。組織の目的は継続です。継続するから社員を雇用し続けることができます。お客様にまた次のベネフィットを提供することができます。民間企業であれば、法人税も払えます。その払った法人税がまわりまわって国家経営を支えています。ですから、今日の研修という投資の回収は、新入社員の皆さんが五年後十年後、皆さんの五歳、十歳下の後輩を一人前にすべく、指導できる立場や責任を担っていること。それくらいの中期的な気概を持って、まずは今日、挨拶一つきちんとできるようになるところから始めましょう」と。

案外、気負っていた新入社員の方々は、時間的な視野をぐっと広げて、安堵の表情を浮かべたりします。職業人として一人前になること、アマチュアから仕事のスペシャリストになることは当然に追及してほしい。しかし私が彼らに伝えたいのは、スペシャリストではなくプロになるということ。プロとは、スペシャリストを育てられる人のことだと私は考えています。

以前、ヘッドハンティング会社の友人がこんなことを言っていました。「仕事ができる人は少なからずいる。しかし、その自分の仕事ぶりを暗黙知から形式知に変えて、再現性を持たせ、次代に継承するところまでにつなげられるような、本当に仕事ができる人は、やはり少ない。私たちが本当に欲しいのは、後者なのだけれどもね」と。部下を育成できる上司は、労働市場でも希少価値の高い人材だというわけです。逆に言えば、きっとそれほどに、部下育成は簡単ではないことなのでしょう。ましてや「問題社員〝未満〟」ともなれば！

孤独になってはいけない

私が子供の頃は、その町の全体で子供たちを育んでいたような気がします。近所の公園で子供が悪さをしていたら、見かけた近所の〝おっちゃん〟や〝おばちゃん〟が、「武田さんとこのナオちゃんやな。そんなことしたらあかんで」と声をかけてくれたものです。

ところが今は、近所で遊んでいる子がどこの誰かもわからない。防犯の関係で名札もつけていない。ましてやそこで注意をしたら、「あそこに変な人がおる」と通報される始末。子育てがお母さんと子供、子供と学校、と一対一になっているような気がしてなりません。お互いに逃げ場がなくなっている。

直属の部下だから育成するのではなくて、どこに所属する誰であろうと、気が付いた人が、気が付いた時に、認めたり、指導したり、声をかけたりする風土や文化を取り戻すことはできないものでしょうか。少なくとも私が新入社員で入社した頃は、同じフロアの諸先輩方が、寄って集（たか）って「チョッカイ」を出してくださったものです。今は、新入社員の育成担当を役割として与えられた、「メンター」等と肩書きをつけられた方が、自分の担当する新入社員のみ育成しようとする。新入社員側も、「この人があなたの育成担当者だよ」と言われた人にしか指導を仰ぎにいかない。それでもまっとうに育ちさえすればいいものの、新人が育成不全に陥ると、新人育成担当者に責任が問われる。やはり一対一の関係になってしまっているような気がしてなりません。その組織の新入社員の育成は組織全体の責任のはずです。中堅社員一人に押し付けられるようなものではありません。

「問題社員〝未満〟」育成において最も大切なことは、**上司が孤独にならないこと。上司と「問題社員〝未満〟」しか知らないことをつくらないこと。**客観視してもらえるように、同じラインの管理職やさらに自分の上司にもある程度、情報を事実として共有（愚痴ではない）しておくこと。記録を取っておくこと。ここに至るまでも書いてきましたが、くれぐれも自分の心身も守ってください。

変えられるのは「いま、ここ」の自分だけ

ニーバーの祈りという詩があります。アメリカの神学者ラインホルド・ニーバー（一八九二〜一九七一年）が作者であるとされる、当初、無題だった祈りの言葉です。この

祈りは、アルコール依存症克服のための組織「アルコホーリクス・アノニマス」や、薬物依存症や神経症の克服を支援する十二ステップのプログラムによって採用され、広く知られるようになりました。下記はその冒頭部分の和訳です。

> 神よ、変えることのできないものを静穏に受け入れる力を与えてください。
> 変えるべきものを変える勇気を、そして、変えられないものと変えるべきものを区別する賢さを与えてください。
> God, give us grace to accept with serenity the things that cannot be changed,
> Courage to change the things which should be changed, and the Wisdom to distinguish the one from the other.

(https://ja.wikipedia.org/wiki/ ニーバーの祈り)

「問題社員〝未満〟」対応においても有効なメッセージのように感じられます。相手は変わらない。過去も変わらない。未来も変わらない、今日何かを変えない限りは。変えられるのは「いま、ここ」の自分だけ。あなたの操縦桿はあなたが握っています。繰り返しになりますが、あなたの操縦桿を決して誰にも預けないでください。

【コラム】Intelligence ではなく、Wisdom

ニーバーの祈りの中で「賢さ」と訳されている英語は「Wisdom」です。Intelligence も同じく「賢さ」と訳されますが、この両者はまったく根源が違います。

Intelligence は「book knowledge」、Wisdom は「street knowledge」。いくら本を読んで部下育成について学んだとしても、そこに実践がなければ血肉にはならない。ぜひ、この本を読んだ後は実践を繰り返して、Intelligence を、Wisdom に醸成してください！

そもそも、モチベーションの維持・向上は誰の責任か

以前、ある経営トップに「社員のモチベーションを上げるのは、私の仕事なのでしょうか」と思い詰めた顔で相談されたことがあります。最終的には自分のモチベーションは自分で上げるものだと私は思っています。茨木のり子の「自分の感受性くらい」という詩をご紹介します。

3　人は誰でも成長する可能性があるのか

自分の感受性くらい
ぱさぱさに乾いてゆく心を　ひとのせいにはするな　みずから水やりを怠ってお
いて
気難しくなってきたのを　友人のせいにはするな　しなやかさを失ったのはどち
らなのか
いら立つのを　近親のせいにはするな　なにもかも下手だったのはわたくし
初心消えかかるのを　暮らしのせいにはするな　そもそもが　ひよわな志しにす
ぎなかった
駄目なことの一切を　時代のせいにはするな　わずかに光る尊厳の放棄
自分の感受性くらい　自分で守れ　ばかものよ

しかし、社員のモチベーションには管理職が、管理職のモチベーションにはトップが大きく関与しています。植物が成長するのにも、光と水が必要です。それだけのポジジョン。ポジジョンにはパワーが宿ります。パワーを適切に使うこと。容量、用法を守って正しくお使いください。

第5章

社員と組織の未来をあきらめない人たれ

「問題社員〝未満〟」を放置すると、あなたが心穏やかでいられないだけでなく、他のメンバーから「職場の平穏を維持してくれない人」という烙印を押されかねません。

さあ、あなたは、どんな人でありたいですか。

強い組織の作り方

ほおっておいてもメンバーが必要な行動をとってくれるのであれば、管理職という役割は不要です。

「いい人」でなく「いい上司」たれ

組織の構成比は、「上位二十パーセント（会社を引っ張る二十パーセントのリーダー）」「中位六十パーセント（会社を支える六十パーセントの人材）」「下位二十パーセント（上の八十パーセントにもたれかかっている二十パーセント）」に分かれる（二－六－二の法則）と言われます。経営の神様、松下幸之助さんが提唱されたことで拡がりました。

本書で扱ってきた「問題社員〝未満〟」は管理職からみれば、下位二割に入るのかもしれません。この二割に時間と感情を支配され、振り回された結果、上位二割を放置してしまう。「彼らは放っておいてもやってくれる」と信じる振りをしながら開き直るわけです。しかし冷静に考えてみてください。**貴社の競争力を創っているのは、自社の上位二割**です。この上位二割の仕事レベルが他社の六割ゾーンと同じであれば、所詮それが貴社の競争力ということになります。この上位をさらに伸ばしてやることに時間と心を砕くことが不可欠で

強い組織の作り方

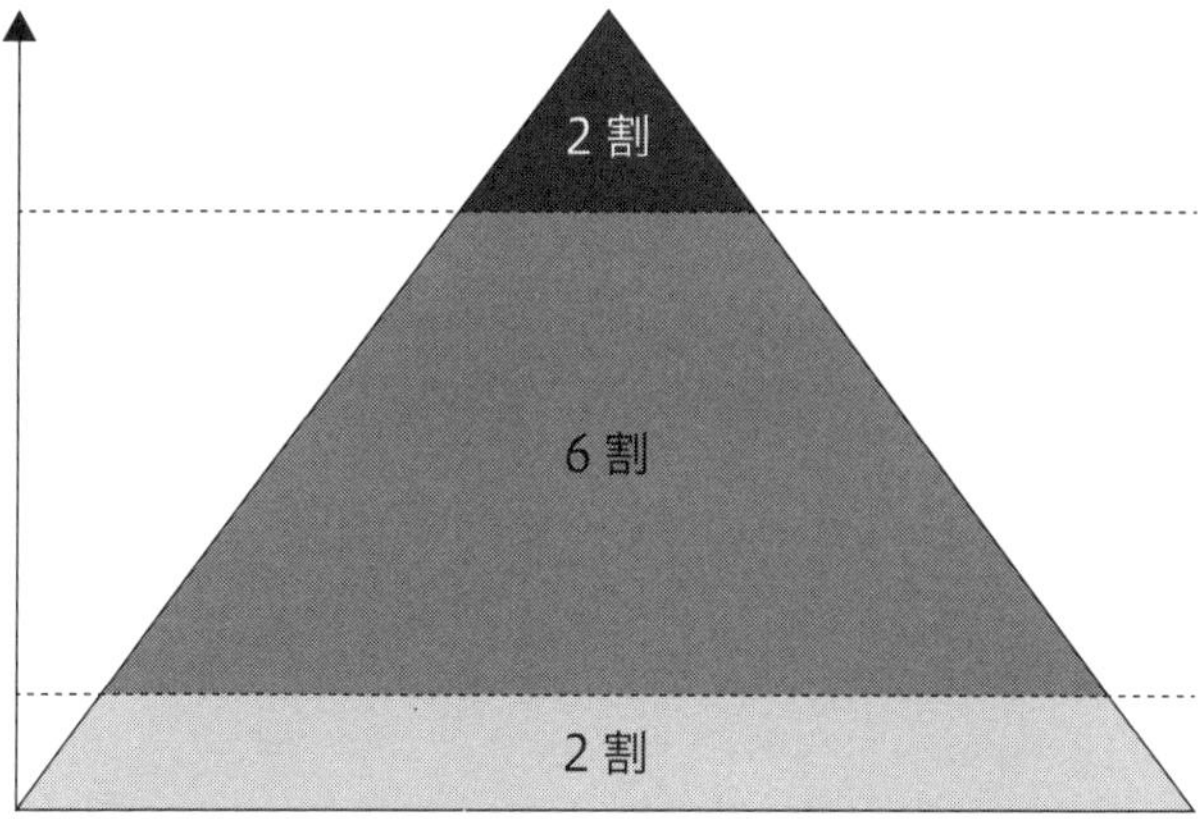

す。実際、上位二割は勝手に育つ部分も否めませんが、管理職として成長を阻害する要因がないか確認し続け、もしあればそれを排除する。つまりはとことん環境を整備してあげることです。でなければ、上位二割はいつでも貴社を飛び出していきます。上位二割をさらに成長させてやれば、中間層が伴って上がっていきます。

　フィギュアスケートで誰かが四回転ジャンプを飛べば、次々と後進がその記録に追随してきます。「人間が四回転を跳ぶことは不可能なのではないか」という既成概念が打ち破られるからです。同様に私が子供の頃には「人間が百メートル走で十秒を切ることはできない」と思われていました（十秒の壁）。しかし一九八三年にカリフォルニア州モデストの競技会で九秒九七（電動）を記録、平地ではじめて十秒の壁を破ってからというもの、次々とこの壁を突破する選手が誕生しました。つまり、上位二割が中間層のロールモデルになるわけです。

管理職としてはどの層にも均等に心を砕く必要があるのですが、「問題社員〝未満〟」たる二割には想定以上の時間と、それ以上に心を支配されがちであるというのはここまでに触れてきたことです。

本書の目的の一つは、管理職としてのあなたの時間と感情の開放により、あなたを幸せにすること。結果、幸せになったあなたが、真に組織成果を創出することに時間を注ぐことができるようになることでした。

「問題社員〝未満〟」対応には「ゆとり」が不可欠

部下育成や組織開発はキレイゴトだけでは回らないものです。私は一九九五年の阪神淡路大震災で被災を経験しました。自分の身を守らねばならない間は、人に手を差し伸べる余裕はありませんでした。しかし少しずつ状況がわかり始め、自分の命の確保ができた時、人々は一気に助け合いを行い始めました。どんなきれいごとを並べたところで、自分に余裕がなければ、あの極限状態の下では、自分を置いて人を助ける余裕は生まれない、人はなんてエゴイストなんだと思い知った気がしました。

実際、職場でも、月末の売上に追われ、一杯いっぱいになっている時に「問題社員〝未満〟」がトラブルを起こしたら、「勘弁してくれよ、このタイミングで……」という気持ちが頭をよぎるに違いありません。一方、比較的余裕がある時に同様のことが起こっても、「はいはい！　私の出番！」と冷静に対応できるかもしれません。事実は何一つ変わらない。あなたの状況が変わっているのです。

そういう意味では、私は「問題社員〝未満〟」に向き合う上司は、仕事において幸せでいる必要があると思っています。214ページで、部下の感情を聞く前に、自身の感情を聞く（感情の動きに気がつくこと）の重要さに触れました。自分のことも把握できないうちは、部下の把握はできません。同様に、まず自分自身が心豊かでないのに、周りの幸せを願ったり、必要な手を差し伸べたりする余裕はでてきません。余裕があれば、「問題社員〝未満〟」に多少の時間や感情をとられたところで一喜一憂することもないのですが、ギリギリで仕事をしているとちょっとした「問題社員〝未満〟」の一言が琴線に触れて、下手をしたら精神的に追い込まれてしまいかねません。

「私は忍耐強いので、大丈夫ですよ」という管理職の方に会うこともありますが、**心を病むときはストレス耐性の高低ではなく、溜めたストレスを短期的に捨てられているかどうかのほうが重要**です。確かにストレス耐性には個人差がありますが、例えば、ストレス耐性がコップ、ストレスはコップに溜まる水であるとイメージをしてみてください。非常に過保護

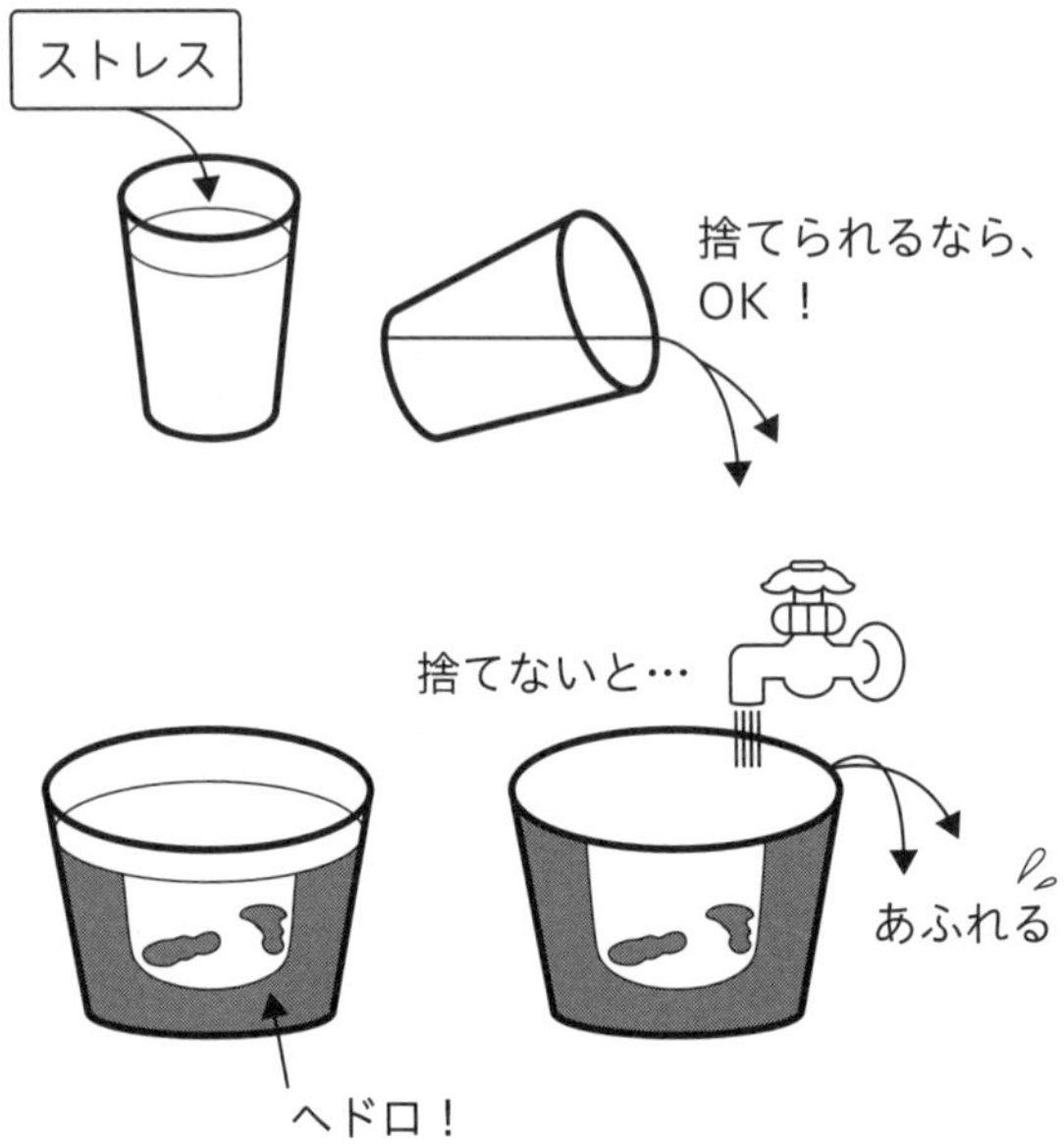
ストレス
捨てられるなら、
OK ！
捨てないと…
あふれる
ヘドロ！

に育てられた結果、我慢強さや打たれ強さが少ない場合、ストレス耐性のコップは小さいかもしれませんが、日々たまるストレスを、寝て食べて楽しいことをして昇華し、ストレス耐性のコップからそのストレスたる水を毎日捨てられていれば大丈夫です。逆にいくらストレス耐性のコップが大きくても、日々溜まるストレスを溜め続けていたら、「問題社員〝未満〟」のちょっとした言動が最後の一滴として注がれた瞬間に、コップから水がどっとあふれ出してしまうかもしれません。
つまりストレス耐性というのは忍耐強さではなく、短期決算でストレスを廃棄できているかどうかです。毎日のように「問題社員〝未満〟」と向き合い続ける中で、

捨てる前に次の水が注がれ続け、溜められているかもしれませんし、溜まり続けた水が濁ってまるで水垢のようにコップにへばりついていたら、そもそもコップの容量は小さくなっているかもしれません。ストレスを溜めないようにというのは難しいかもしれませんが、ストレスを短期昇華する意識を持ってください。少なくとも、目の前に「問題社員〝未満〟」がいるわけでもないのに、いつまでも「問題社員〝未満〟」に引きずられないようにしてください。

そして、決して幸せの反対が不幸せなのではありません。人には仕事を通じて幸せになる要素と、不幸せをつくる要素があります。いくら成長実感があり、誰かが見てくれていて、誰かの役に立てている、私は仕事で「働き甲斐」と「働きやすさ」を持っていると思えたところで、「問題社員〝未満〟」対応でへとへとであれば人は不幸です。幸せを目指すことは必要ですが、不幸せ要因を取り除く必要もあります。人は幸せになるために生きているのだと信じています。誰一人、仕事を通じて、不幸になる人をつくってはならないと私は信じています。

「問題社員〝未満〟」対応には「覚悟」が不可欠

つい先日、ある女性経営者の方から「問題社員〝未満〟」と思しき社員の相談を受けました。仮にＫさんとしましょう。一通り話をお聞きした後で必要な対処をお伝えしたのですが、それを受けての彼女の第一声は「長く勤めてもらった人だから、はっきり言いにくい。甘いのかもしれないけれど、たぶんこれが私のマネジメントスタイルなので……」というものでした。

その方はプライベートでも付き合いがあるのですが、普段から他者に対してははっきりものを言えない優しい経営者です。ここまでに出てきた「第二牧場」に揺さぶられがちともいえるでしょう。最後は本人の意思決定ではあるのですが、「周囲の方は、その方に対してどう感じていると想像されますか？」と確認したところ、「正直、あまりいい感情は持っていない。なんであの人はああなんだろう、………なんで私がその尻拭い的なことしなきゃならないんだろう……って感じでしょうか」。私からはこう続けました。「であれば、周囲の方々はＫさんに対してネガティブな感情を持っている以上に、それに対してはっきり言わない、必要な対処をしない経営者であるあなたに、あなたが経営者である会社に、ネガティブな感情を抱いている可能性がありそうですね」と。決めつけることはできないのですが、私が現場で見聞きしてきたケースから考えれば、それは想像に難くないと思えましたし、この状況が長く続くと、周囲の人が一人二人と転職しかねないとも感じられたからです。Ｋさんを甘やかしたために被る損失にも目を向けていただく必要がありました。

一瞬、彼女が言葉に詰まったのがわかりました。「え？　社員はKさんにではなく、経営幹部の私に？」。ご本人にしたら想定外だったのでしょう。意外に当事者は自分の状況が客観視できていないものです。「そうだとしたら、それはとても辛いことです。ちょっと考えてみます」。48ページでもお伝えしたように、迷ったらもう一つ大きな枠組みで考えることを忘れないでください。経営には覚悟が必要です。覚悟とは、これは自分が決めるしかないと退路を断って決めることです。決めた人間にしか責任はとれません。そして「決めかねている」経営者に、社員はついていくことはできません。

これは経営者との話ですが、現場の社員から見たら、管理職が決めかねているようでは、安心して自分の人生の時間を預けられません。たかが「問題社員〝未満〟」、されど「問題社員〝未満〟」。「問題社員〝未満〟」に対してどんな向き合い方をするのか、どんな内容であれ、決める「覚悟」が不可欠です。

みんな違う、だからいいのではなく、だからどうするのか

マネジメントを一言で定義するなら、「自分の意思をもって、人を動かして実現すること」です。

アメリカの行動科学者D・マグレガーは、「人を動かす力は、権限の大きさによって決ま

職場の風土（環境）が人間の行動に影響を与える関係

$$B = f(P \cdot E)$$

B（Behavior）　：人間の行動、業績
P（Personality）：本人の能力、性格
E（Environment）：職場の環境、風土

るのではない。その場に応じて、どんなうまい方法を選び出して使うかによって決まる」と言っています。人は一人ひとりまったく違う存在であり、またその一人も日々変化・成長する存在です。したがって人を動かす側、つまり上司側は、常にそのときの状況を考えながら、この場でこの人を動かすにはどうしたらいいかを見極めなければなりません。

そして、K・レビンによる組織活性度の公式という考え方があります。行動・成果は、その組織に属する人の能力・性格と職場の環境・風土という変数で決まるということです。部下にとって環境の良し悪しを決定づける最大の要因は上役です。部下が素晴らしい行動をとるかどうかは上司によって左右されるということになります。

上司は、「いい人」になる必要はありません。「いい上司」とは、目標をしっかり伝えてそれを達成させるためにフォローする人、ときには叱りながらも本気で部下を育てようとする人です。例えば、人事評価でAばかりつけるのでなく、きちんと「こ

こを改善してください。そのためにこうしよう」とはっきり言ってあげられるのがいい上司です。

部下育成は、バトンリレー

あなたが新人や若手だった頃、あなたを部下として目をかけ、手をかけ、心をかけてくれた人がいたはずです。**人は人によって人となる。**自分が上司にしてもらったことは、上司に恩返しするのではなく、自分の部下にしてあげればいい。そしてあなたの部下には自分にではなく、次世代につなげてくださいと伝えてあげればいいのです。大切なのは、相手に見返りを求めないことです。人は他人から厚意を受けた場合、その相手にお返しをしようとします。するとその厚意は当事者間のみで完結して終わってしまいます。いつの日か、廻り回って思わぬ方向からあなたの元へ「ペイ・フォワード」が返ってきたら……、それは、あなたが〝次へ渡した〟からかもしれないのです。部下育成を通じて、自分にも世界は変えられる。そう信じたいと思いませんか？

第6章

「問題社員〝未満〟」ケース別対応事例

ここまで、十人いたら十通りの「問題社員〝未満〟」に対応するために、できるだけ汎用性を意識してつづりました。

この章では、少し粒度を細かくして、個別対応を具体的にご紹介します。

（ほんの一例ですが、少しでも皆さまの平安につながりますように…。）

【事例１】指示があるまで動かない、言われたこと〝だけ〟する社員

■特徴
自分で考えて行動するのが大の苦手。常に受け身の姿勢で指示を待っているため、何かと手がかかり、チームのお荷物になりやすい存在です。「任せるよ」「自由にやってみて」と言われると思考がストップしてしまい、ほかの仕事にも悪影響が出かねません。大きなプレッシャーを感じて、精神的に参ってしまうケースも！

NGフレーズ
「やり方は君に任せるよ」
「それくらい、気を利かせてやってくれよ」

OKフレーズ
「この段取りで作業してみて。最後の仕上げをどうするかは、意見をもらえる？」
「君の意見も参考にして、いいものができたよ」
「何かあったらこの紙をみて作業してみて」

ポイント
「自分で考えて動く」習慣を身につけさせることが重要です。まず仕事の八割程度は指示し、残りの二割程度を自分で決めさせてみてください。仕事が終わったら、その結果がうま

くいったかどうかに関係なく、一人で判断したことを少し大げさにほめてもよいでしょう。相手の様子を見ながら、最初の二割を少しずつ増やしていきましょう。このタイプの社員は「気を利かせる」のが大の苦手です。こちらの不在時に一人で対応してほしいことがある場合は、面倒でも「どういう場合に」「何をすればよいか」を紙に整理して渡しておけば安心です。

【事例2】報連相を一切しない、もしくはトラブル報告を大事に至ってからしかしてこない社員

■特徴

一人で仕事を勝手に決めてしまい、報連相をしません。抱えている仕事の進捗や結果を周囲は一切知らされないので、チームワークに支障をきたします。仕事の腕が優秀ならまだいいのですが、未熟な場合は「報連相があれば事前に防げた」ミスや失敗の尻拭いをされられてしまうことも。

NG フレーズ

「ちゃんと報告してよ」
「どうしてそんなことになったんだよ！」

OK フレーズ

「どんな状況？　今、全体のどこまで進んでいる？」

「真っ先に報告してくれてありがとう」

「失敗の原因は何だったと思う？」

ポイント

そもそも報連相の発想がなかったり、発想があっても習慣として身についていなかったりするので、こちらから定期的に「どんな状況？」「全体のどこまで進んでる？」と声をかけることが必要です。「毎週月曜日の朝までに、箇条書きの報連相メールを送ること」と、いっそルール化するのも手。相手が報連相してきたら、労いの言葉で応じると、やる気が上がって習慣化もしやすくなります。ミスを報告してきたときこそが一番のタイミング！　報告してきたこと自体を「手放し」で労ってください。ミスを注意するのはその後です。

【事例３】ばれるような小さな嘘をつく社員

■特徴
都合が悪いことや面倒なことには嘘をついてやり過ごします。内容に「本当かも」と思わせる一定の信ぴょう性はあり、話しぶりにも違和感がなかったりするかもしれません。「絶対に嘘だ」と断言はできないものの、「本当かな？」と一定の疑念が残ります。

NG フレーズ
「なんで嘘をつくんだ！」

OK アクション
嘘をついた理由を聞くことに専念する

ポイント
嘘をついたことに対する注意は最低限に抑えて、「嘘をついた理由」を聞き出すことに時間を割きます。詳しく聞くと「実は仕事でトラブルを抱えている」ケースも結構あります。例えば「電車の遅延で遅刻した」という言い訳の背景には、「職場の人間関係で悩んでいて、会社に来るのがしんどい」という事情があったりします。問題を見つけ出し、解決の相談に乗ってみましょう。ただし、「悪意のある嘘」だった場合は、次回はペナルティーも辞さないと厳しい態度で臨むことも必要です。

【事例4】新しい仕事を頼むと「できない理由」を盾にして逃げる社員

■特徴

「やったことがないので……」「私にはとてもできません。○○さんの方が適任では？」などと消極的理由を並べ立てて逃げます。いかにも恐縮そうな表情をみせることもあり、「うーん、じゃあ、別の人に頼むよ……」という気にさせられてしまいます。

NGフレーズ

「やる気がないのか？」

OKフレーズ

「今、一緒にやっている仕事のこの部分から、まず一人で担当してみてもらえる？」

ポイント

自信をつけさせることが最優先です。「やってみたらできた」という小さな成功体験を積ませるのが近道です。まずは慣れている仕事の中で、小さな挑戦をさせてみます。例えば、仕事に一緒に取り組んでいる場合は、自分の担当の一部を任せてみます。日頃、相手はあなたの仕事のやり方を見ているので、取り組みやすいはずです。うまくできたら、ハードルを少しずつ上げていきます。

【事例5】実力も経験もないのに自信過剰で、周囲の助言に耳を貸さない社員

■特徴
根拠はないが、とにかく自信に満ちています。その様子は見ていてうらやましいほどかもしれません。プライドがやたら高いため、周囲のアドバイスを受け入れることは稀。仕事のスキルを習得するスピードや成長は遅くなりがちです。

NG アクション
根気強く、仕事の仕方を教える姿勢を続ける

OK アクション
少しだけ骨の折れることを任せて、周囲に頼らせる

ポイント
ショック療法で、自分の実力不足を痛感させるのも一つの手です。少し手に余る質の仕事を全面的に任せて、仕事の進め方などは本人に決めさせてみましょう。必ず一人では立ち行

かなくなるので、そのうち助けを求めてきた時に、そのＳＯＳを肯定的にフィードバックしましょう。「身の丈」「謙虚に学ぶこと」の大切さとともに、頼ることで何も失うものがないことを実感してもらいましょう。

【事例６】ちょっと叱られただけで落ち込む社員

■特徴
注意されると「叱責された」と落ち込みます。ましてや厳しく叱ったら、当面立ち直れなくなります。叱られることにそもそも慣れていないので、その脆さは「ガラスのハート」どころか「シャボン玉のようなハート」と言いたくなります。

NG フレーズ
「こんなことくらいで落ち込むなよ」

OK フレーズ
「次からは気を付けて。でもよく頑張ったな」

ポイント

「叱る、注意する、指導する」ことは仕事の一部なので、周囲として言うべきことは言う必要があります。「叱る、注意する、指導する」要素に「努力を認める」要素も盛り込むと相手は安心します。結果よりも努力をほめるアプローチで、相手が受ける精神的ダメージを最大限和らげてみてください。

【事例7】ミスをすると「〜のせいで」と自分の非を決して認めない社員

■特徴

ミスや失敗を指摘されると、自分の不注意や努力不足を棚に上げて、他人や環境のせいにします。責任転嫁することで、自分が築いてきた高い自己評価やプライドを守ろうとしています。

NG フレーズ

「なんでも他人のせいにするな」

「君が原因だろう!」

OK フレーズ

「〝もしも〟改めるべき点があるとすると何だと思う?」

ポイント

改めるべき点があることに気づかせることが重要。「人のせいにするな」と叱っても、感情的になってへそを曲げるだけで逆効果です。「〝もしも〟改めるべき点があるとすると何だと思う?」と穏やかな口調で質問を投げてみましょう。そうすれば、自分の至らなさを受け入れやすくなります。この方法を続けることで、他人のせいにする癖を少しずつ減らしていきます。

【事例8】答えを求めてくるマニュアル社員

■特徴

「このように進めていいですか?」「これで大丈夫でしょうか」といちいち正しい行動や段取りを確認してきます。決まっていることを前から順番に確実に進めることが得意な反面、突発的な仕事や段取りが変わると不安になり、立ちすくみます。

NGフレーズ

「そんなことまでいちいち確認してこなくてもいいから」
「前と同じでいいよ」

OKフレーズ

「AパターンとBパターンとがあるけど、どちらがいいと思う?」

ポイント

仕事にどれほどの選択肢があるのかを知らせ、その選択肢の中から、より適切だと思われる選択ができる力を本人に持たせることです。また、仕事には変数が数多くあります。前に同じことがあったから同じ対応という訳でもないはず。都度、ベターな選択ができる必要があります。

【事例9】自分の仕事が終わったらそれ以上は何もしない社員

■特徴

周囲が忙しくしているのに自分に余裕があっても協力をしようとしません。自分に与えられた仕事が終わったらそれ以上には何もしませんが、言われたことはしているので、逆にそれ以下でもありません。

NGフレーズ
「もっと、チームの協調性を重視して仕事をしろよ」
「気が利かないな」

OKフレーズ
「仕事で関わる仲間のサポートをすることもあなたの仕事のひとつです」
「Aさんの□□の仕事のうち、この部分をあなたに支援してほしい」

ポイント
シンプルに、それが仕事、それも仕事だと明確に指示してください。協調性は、「みんなで仲良く和気あいあいと仕事をすること」ではなく、チームのゴールを手分けして達成することです。阿吽の呼吸、以心伝心はありません。もちろん、些細な事でも行動変容が確認されたら、「ありがとう」「助かるよ」という労いを忘れずに。

【事例10】自己卑下が激しい社員

■特徴
「自分はどうせやってもダメ」という態度をとるので、周囲に虚無感や罪悪感を抱かせてしまいます。

NG フレーズ

「もっと自信を持って！」
「大丈夫、慣れたらできるようになるよ」
「失敗してもいいから」

OK アクション

「ないもの」ではなく「あるもの」に目を向けさせます。最初から十を提示するのではなく、まず一を提示する。取り組ませる。「成功」させる。できたらまた次の一を提示する。取り組ませる。「成功」させる（ここで二まで達成）。手間はかかりますが、この積み重ねです。

ポイント

自己否定しがちな部下に「もっと自信を持って！」などという根拠のない励ましは、自信をつけさせるどころか、むしろどんどん自信をなくさせるだけです。人は次に「行動すべき」ことが何かがわかっていて、実際にその行動をとって達成した時、自信を持つものです。どんな小さなことでもいいので、自分で決めたことを実行する経験を積み重ねさせます。

【事例11】身だしなみがだらしない部下社員

■特徴
髪の毛が乱れていたり、衣服がしわだらけだったり、手先の手入れができていなかったりします。容姿や見た目のことを注意するのは案外気を遣うので、周囲も不快な気持ちを抱きながらも、我慢して仕事をしています。

NG フレーズ
「営業職なんだから、もっとちゃんとした格好でこい」

OK アプローチ
就業規則の「服務規程」に、例えば「服装を正しくし、作業の安全や清潔感に留意した頭髪、身だしなみをすること」と記されていることが多々あります。ここを指示しながら、業務遂行時に義務を果たすように指導してください。

ポイント
「正しい服装」といっても、このあたりはどこまでも主観です。本人は「ちゃんとしているつもり」という場合もあるでしょう。しかし、受け止め方は相手や周囲が決めるものです。あなたが上司として「ちゃんとしていない」と感じるのであれば、「私からみたら、ちゃんとしているように感じられない」と、意見として伝える必要があります。
一般化はしたくありませんが、服装が乱れている場合、お金の使い方や生活が乱れている場合も少なくありません。少し時間をとって話を聞いてみると、もしかしたら別の課題を抱えているかもしれません。

【事例12】評価に納得せず、たてついてくる社員

■特徴
自己評価で五段階評価の「5」を堂々と付けてきます。評価面談の際などに、自分は頑張っているアピールをし、気が弱い上司は押し切られかねません。逆にまっとうな評価をしようとすると、文句を言ったり、反抗したりしてきます。

NG フレーズ

「自分のことが客観視できていないんだな」
「あなたは自分に甘い」
「……（何も言えない）」

OK
アプローチ

そもそも、評価面談でまとめて伝えようとしても理解してもらえません。日々の業務遂行の中で、現行犯レベルで改善点を伝えておかなければ、いちいち本人が覚えているわけではありません。

ポイント

評価とは人を裁いたり、人間性そのものを評価したりすることではありません。その人の行動や能力を上司の立場で判定し、どこをどう伸ばしていけばよいのかを考えるためのきっかけとなるのが評価です。つまり、評価とは育成ツールということができます。

ベースの考え方は、「昨年より、本人の評価が上がるように日々の中で指導、育成をしよう」という覚悟です。

このタイプは損得勘定も働いているので、この上司の下にいると、仕事ができるようにしてくれて「得」をすると思ってもらうことです。

【事例13】単純なミスを繰り返す社員

■特徴
ミスを繰り返すたびに反省しているものの、やはり同じ間違いを繰り返します。もちろん悪気がないので、都度「すみません」と反省もしているのでそれ以上の指導のしようがありません。ミスをカバーするだけで余分に仕事が増え、周囲にも負荷がかかるかもしれません。

NG フレーズ

「なぜ何度も同じミスを繰り返すんだ?」
「ちゃんとチェックしてる?」
「次回からは気を付けて」

OK アクション

一日や単位ごとの仕事の始めと終わりに、状況を整理する時間をとります。作業内容だけでなく、作業スペースもこまめに確認しましょう。スケジュールには余裕をもたせます。特に安請け合いしていると感じるときには、改めて全体量、進捗管理をしてください。

ポイント

「不注意さ」という性格を指摘したり、意識改善したりしようとしても解決にはなりません。直属の上司が孤独にならないように、スケジュールをわかりやすい表にし、職場メンバーにもシェアするなど、周囲にも状況等をシェアしておくこともよいでしょう。万が一、ミスをしたときの対策を常に用意しておく必要はあります。

【事例14】スピードを重視しすぎて、仕事が雑な社員

■特徴
仕事ぶりはスピーディで腰も軽いものの、往々にして仕事ぶりは雑。ケアレスミスも多くなりがちです。「早く終えること」「速く片づけること」を意識しすぎて、時に周囲にもそれを強要するかもしれません。

NG フレーズ

「慌てなくていいから、もっと丁寧に」

OK アクション

本人へのアプローチではありませんが、ペースは遅めですが細かいミスに気がついたり、些細なことが気になったりするメンバーがいれば、バディにしてペアで仕事をするような工夫をすることが、案外チームのブレークスルーにつながります。

ポイント

「急ぐ」ことが、成果につながることもあります。一概に立ち止まらせようとするよりは、むしろ強みとして磨かせるという発想も、これからの時代はありです。それがタレントマネジメントです。

【事例15】おいしいところ取りをする社員

■特徴
会議では司会を名乗り出たり、対外的な華々しい仕事を優先したりして、地味な雑務や目立たない仕事は周囲に押し付けます。調子がいいので、お客様や組織の上層部には覚えがよかったりして、周囲が辟易します。

NG アクション

「あいつはいいな」という経営幹部や、「彼は優秀ですね」という顧客の言葉を鵜呑みにして本人に伝えてしまうと、周囲がやっていられなくなります。

OK アクション

本人をどうこうしようとするのではなく、本人が投げだした地味な仕事をきちんと仕上げてくれたり、コツコツと影日向なく取り組んだりしてくれている周囲のメンバーを、適切に労い、評価することに重きをおいてください。

ポイント

ここで大切なことは、本人ではなく、周囲にスポットライトを当てることです。どんな仕事をどのように取り組むことを、組織のトップが評価してくれるのか、それが組織の風土を作ります。

【事例16】衝動的で情緒の起伏が激しく、人間関係がうまくいきにくい社員

■特徴

周囲がよくわからないところで（本人なりに理由はある）突然怒り出したり、突然落ち込んだり、はしゃいだり泣き出したり、喜んだりするので、周りはどのように付き合えばいいのか、困惑します。人への評価を「（自分にとって）いい人」「悪い人」と極端な考え方をしがちです。

NGアクション

単にダメ出しすると、「この人は敵」とみなされて、ますます人間関係がこじれます。

OKアクション

本人も困っていてしんどいことは事実です。とにかく話はよく聞いてください。正しく答えようとするのではなく、レスポンスし続けることです。本人の困っている状況に焦点をあてて聴き、場合によっては人事部門と連携して、専門家にかかることを勧めることもあります。

ポイント

職場や上司としてできることとできないことを明確にしてください。最もＮＧな対応は、途中でこちら側の都合で援助を中断することです。「私には〇〇についてはサポートができる。△△のことは□□の方がよいと思う」という言い方です。

【事例17】今までできていたことができなくなってきた社員

■特徴

遅刻が増えたり、ぼーっとしていることが見受けられるかもしれません。考えがまとまらなかったり、一日の中に気分の浮き沈みがあったりします（朝に気分が沈み、夕方に回復する）。

NG フレーズ

「しっかりしろよ」「（いきなり）病院に行った方がいいんじゃないか」などとハッパをかける。逆に、プライベートで何かあったんだろうとただ見守るだけ。

OK アクション

①睡眠障害（眠れているかどうか、寝つきはどうか）、②食欲不振（食欲はあるか）、③日内変動（気分の落ち込んでいるときがあるか）を確認してください。いずれも二週間以上続いているかどうかが目安です。「いつごろからか」を聞いてください。状況把握のためでもありますが、同時に「その頃から一人で抱えてきたんですね」と共感へつなげてください。

ポイント

安全配慮義務を果たすために、産業医や人事部門とすぐに連携をとります。本人が辛いのであれば、二週間続いていなくても対処してください。

軽いものは誰にでもあります。ストレス要因となるライフイベントによって一時的に陥る場合もあります（マリッジブルー、マタニティブルー、ペットロス症候群、引越うつなど）。しかし、継続性が認められる場合には、組織として安全配慮義務を遂行する段階に入ってください。

【事例18】ネガティブな発言が多くて、周囲を疲れさせる社員

■特徴
新型コロナウイルスの蔓延に伴って「この会社の対応ではダメだ」と過度に嘆いてみたり、景気が悪くなるとやたらと評論家的に未来を悲観したりします。何事も悲観的に捉えるので、聞いている周囲も気持ちが疲れてきます。

NGフレーズ

一つの正論ではあるので「そうだね、うんうん」と聞き流しているだけだと、状況は何も変わりません。

OKフレーズ

3GTs（3・Good・Things＝三つのいいこと）テクニックを使ってみます。一日の中や外出時にあった「いいこと」をお互い、共有することを提案してみてください。可能であれば、毎日の終業時に些細なことを聞く、営業から戻ってきた時に声をかける、といった具合です。どんなことでもいい、例えば「お昼が早めにとれたので、いつも売り切れているCランチが食べられた」「営業先から会社に戻ってくるときの夕陽がきれいだった」「懸念していた稟議書に、部長からスムーズに印鑑がもらえた」などのやり取りで十分です。

ポイント

大切なことは、「うまくいったら幸せ」ではなく、「幸せだとうまくいく」という考え方です。続けると、日々の仕事の中で「いいこと」へのアンテナが高まります。それを上司部下でシェアしあうことで、互いの「よいこと」のツボもわかるようになるでしょう。見逃していた「いいこと」を見つけるようになり、それが起こった理由を考えたり、より深く味わったりするようになります。自分の仕事を有意義だと感じるようになる、という日本での実験結果もあります。

《著者略歴》

松下　直子（まつした　なおこ）

株式会社オフィスあん　代表取締役
株式会社人事のまなび場　代表取締役
社会保険労務士、経営学修士（ＭＢＡ）、国家資格キャリアコンサルタント、人事コンサルタント

神戸大学卒業後、江崎グリコ㈱に入社。新規開拓の営業職、報道担当の広報職、人事労務職を歴任。二〇〇四年に独立し、社会保険労務士、人事コンサルタントとして顧問先の指導にあたる。「人事屋」であることを生涯のライフワークと決意し、人事の学校（人事のまなび場【庵】）の主催や人事パーソン交流の場づくり、人事情報の発信など、幅広く人事の人材育成に意欲的に取り組んでいる。

悩める上司・人事担当者のための
問題社員未満との付き合い方　令和6年1月20日　初版発行

日本法令®

〒101-0032
東京都千代田区岩本町1丁目2番19号
https://www.horei.co.jp/

検印省略

著　　者　松　下　直　子
発 行 者　青　木　鉱　太
編 集 者　岩　倉　春　光
印 刷 所　日本ハイコム
製 本 所　国　　宝　　社

（営　業）　TEL　03-6858-6967　　Eメール　syuppan@horei.co.jp
（通　販）　TEL　03-6858-6966　　Eメール　book.order@horei.co.jp
（編　集）　FAX　03-6858-6957　　Eメール　tankoubon@horei.co.jp

（オンラインショップ）　https://www.horei.co.jp/iec/
（お 詫 び と 訂 正）　https://www.horei.co.jp/book/owabi.shtml
（書 籍 の 追 加 情 報）　https://www.horei.co.jp/book/osirasebook.shtml

※万一、本書の内容に誤記等が判明した場合には、上記「お詫びと訂正」に最新情報を掲載しております。ホームページに掲載されていない内容につきましては、FAXまたはEメールで編集までお問合せください。

ISBN 978-4-539-73019-5